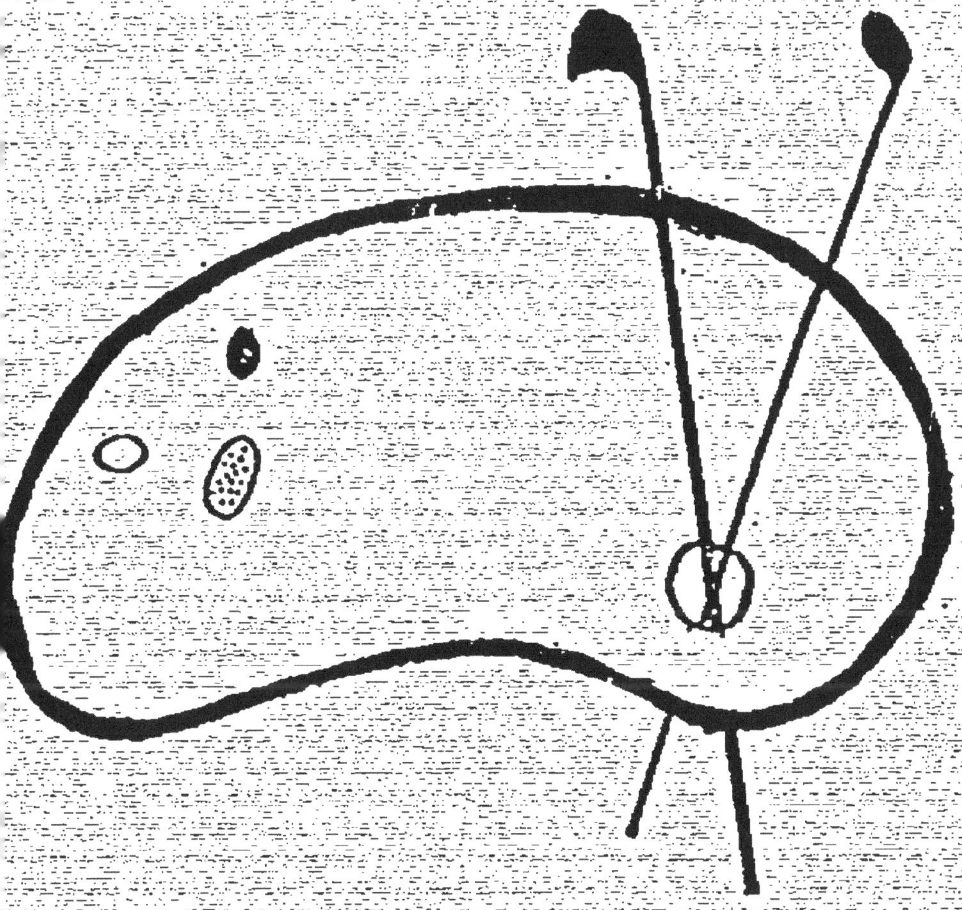

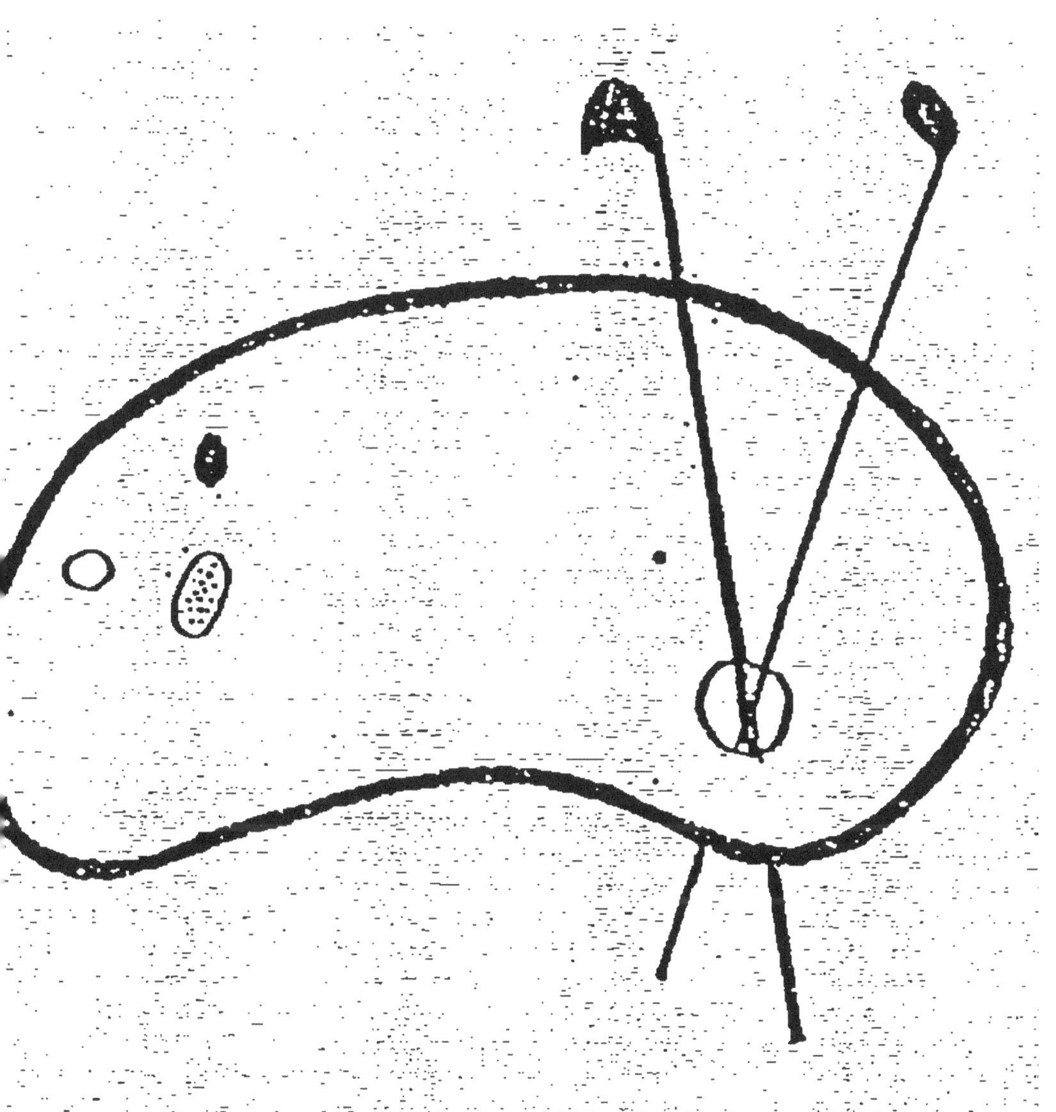

FIN D'UNE SERIE DE DOCUMENTS
EN COULEUR

LA VRAIE

CLEF DES SONGES

7071-83. — CORBEIL. Typ. et stér. CRÉTÉ.

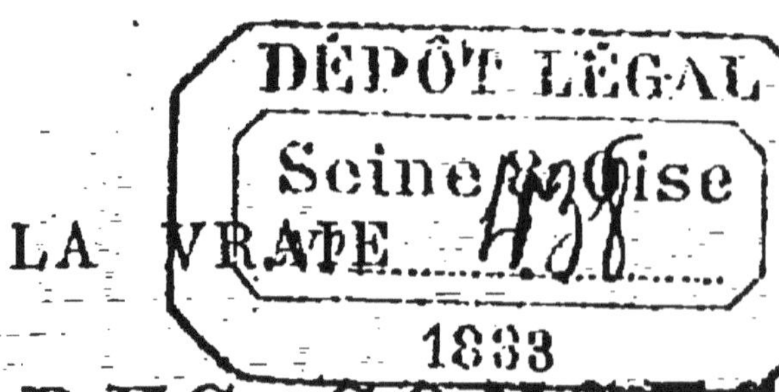

LA VRAIE

CLEF DES SONGES

CONTENANT L'INTERPRÉTATION

DE TOUTES LES VISIONS

UN TRAITÉ

DE L'ART DE DEVINER LES PASSIONS

D'APRÈS LA CONFORMATION DU CRANE

PAR

LACINIUS

PARIS

THÉODORE LEFÈVRE ET Cie, ÉDITEURS

Rue des Poitevins

PHYSIOLOGIE

DES CARACTÈRES ET DES TEMPÉRAMENTS

JANVIER (Le Verseau).

Les hommes, bruns de peau et de cheveux, auront les yeux bleus ; ils seront remarquablement beaux, et ne seront pas fats. Malheureusement, ils seront si défiants, si timorés, qu'ils manqueront leur bonheur à cause de leur indécision.

Les femmes seront brunes, petites, plus gracieuses que jolies. Elles aimeront la toilette, le clinquant, auront peu l'esprit d'ordre, mais se feront remarquer par leur amour maternel et leur fidélité conjugale. Elles auront beaucoup d'enfants. Hommes et femmes seront d'un tempérament bilieux.

FÉVRIER (Les Poissons).

Les femmes ne sont pas bonnes ménagères ; elles ont l'humeur changeante et vagabonde ; leurs yeux et leurs cheveux sont noirs ; elles sont plus belles de corps que de figure.

Les hommes sont moins bruns, et leur esprit est moins violent ; leur caractère moins colère est aussi moins droit et moins franc.

MARS (Le Bélier).

Ceux qui naissent sous ce signe ont des instincts pervers ; doués d'une grande intelligence, de beaucoup d'esprit, ils n'emploient ces dons naturels qu'à servir leurs passions, à satisfaire leurs caprices; ils aiment le luxe, le plaisir, la table, l'argent, et ne veulent pas se procurer la fortune par le travail; aussi en voit-on qui vont jusqu'au crime pour s'épargner la peine et la fatigue d'une position laborieuse.

AVRIL (Le Taureau).

Les gens qui naissent sous ce signe sont d'un caractère ombrageux; ils préfèrent la solitude à la société et manquent d'amabilité. Ils sont sobres, travailleurs infatigables, mais jaloux, emportés. Ils sont forts, trapus, d'une taille moyenne; leurs cheveux sont châtains et leurs yeux noirs; ils ont de grands pieds et de grandes mains.

Les femmes ont beaucoup d'enfants et les élèvent bien; elles sont fidèles, mais dépourvues le plus souvent de la grâce féminine.

MAI (Les Gémeaux).

Ceux qui naissent sous ce signe sont généralement blonds et d'un tempérament délicat.

Les hommes sont bons, faibles même, et ont les goûts féminins; ils sont d'un caractère rêveur et peu entreprenant.

Les femmes sont petites, grandes travailleuses, mais la légèreté de leur esprit donnera bien des ennuis à leurs maris; ils feront bien de les surveiller.

JUIN (Le Cancer).

Hommes et femmes sont fort habiles de leurs mains, mais peu disposés aux travaux de l'esprit; ce sont des amis sûrs et dévoués, fidèles dans le bonheur comme dans le malheur. Ils aiment le mouvement, le plaisir, détestent au contraire la solitude et l'isolement; les hommes seront petits et les femmes grandes et élancées; leurs yeux seront brillants et spirituels; on recherchera leur société.

JUILLET (Le Lion.)

Ceux qui naissent sous ce signe ont les passions violentes, et rien ne leur coûte pour les contenter; l'amour est leur principale occupation, leur but; sous des apparences délicates, ils cachent une santé robuste; ils étonnent par le courage et la vigueur qu'ils déploient. Lorsqu'il s'agit de satifaire leurs goûts, rien ne les rebute.

AOUT (La Vierge).

Les hommes, bruns et forts, aiment le commerce et y font généralement fortune. Ce sont des gens égoïstes, qui sont d'une indifférence complète dès qu'il s'agit des autres et manquent absolument de complaisance et d'activité.

Les femmes sont de grandes travailleuses, mais elles manquent d'esprit et d'agréments; elles n'aiment que la vie d'intérieur.

SEPTEMBRE (La Balance).

Il n'y a rien à dire ni pour eux ni contre eux; leur santé est régulière; ils ont des goûts ordinaires; jamais ils ne feront rien qui puisse faire parler d'eux; l'homme sera bon époux, bon garde national; la femme sera bonne épouse, bonne mère et bonne cuisinière; ils auront une existence calme, paisible, régulière, qui ne sera troublée que par les jeux de leurs nombreux enfants.

OCTOBRE (Le Scorpion).

L'amour du plaisir domine toute leur vie; ils sont agréables en société, gais, enjoués.

Les femmes sont jolies, brunes aux yeux noirs, gracieuses et d'un léger embonpoint ; elles ont du goût pour les arts et pour la facilité de leur caractère, se font aimer partout.

Les hommes font d'excellents diplomates, d'habiles avocats et de grands orateurs ; malheureusement la vénalité les perd souvent.

NOVEMBRE (Le Sagittaire).

Ceux qui naissent sous ce signe se querellent aisément ; ils sont difficultueux.

Les hommes aiment passionnément la chasse et la pêche et négligent souvent leurs affaires pour ces occupations agréables ; ils aiment aussi les chevaux et le jeu.

Les femmes, au contraire, sont élancées, gracieuses, idéalement jolies, blondes pour la plupart. Mais le plaisir et l'amour de la toilette les entraînent souvent à des fautes dont elles rougisent.

DÉCEMBRE (Le Capricorne).

Les hommes seront d'une taille moyenne, les cheveux seront châtains, les yeux bleus gris, la physionomie expressive et mobile.

Les femmes seront grandes, blondes aux yeux noirs ; leur figure manquera de régularité, mais plaira par sa vivacité.

Hommes et femmes se distingueront par leur probité, leur intelligence, leur amabilité, leur amour de la famille ; leur tempérament sera nerveux. Ils seront d'une bonne santé et auront beaucoup d'enfants.

LA VRAIE
CLEF DES SONGES
ORACLE
DES RÊVEURS ET DES RÊVEUSES

A

Abaisser *quelqu'un.* — On aura des revers; — *être abaissé* est au contraire bon signe.

Abandonnée.

Abandonner *son mari ou sa femme.* — Joie et plaisir; — *sa maison*, bénéfice certain; — *son état*, perte causée par la mauvaise foi; — *sa maîtresse*, bonheur prochain. — *Abandonné par ses amis*, malheur prochain; — *par ses supérieurs*, grande joie; — *par son amant*, réussite.

Abattement. — *Se sentir abattu,* nécessité de redoubler d'efforts pour réussir; la fortune vous arrivera si vous persévérez.

Abeilles. — *Si elles vous piquent,* perte importante; — *si elles entrent chez vous,* malheur prochain; — *si elles vont sur des fleurs,* réussite dans vos entreprises, gain considérable; — *si vous les voyez entrer dans leur ruche,* héritage prochain; — *si vous les tuez,* peste, ruine; — *si vous les donnez,* mariage avantageux; *si vous recueillez un essaim,* fortune assurée.

Abîme. — Dangers courus d'autant plus grands que l'abîme vous semblera plus profond; — *être suspendu au-dessus,* maladie prochaine.

Aboiement. — *entendre un chien aboyer,* vous gagnerez votre procès; — *Entendre aboyer un chien a la lune,* quelqu'un réclamera votre aide; — *plusieurs chiens furieux aboyant après vous,* redoutez la folie.

Abondance. — *Rêver qu'on est dans l'abondance* signifie sécurité trompeuse; — *la partager avec une femme,* ruine imminente.

Abordage. — *Voir deux navires s'aborder,* nouvelle inespérée et heureuse; vous serez satisfait de votre rendez-vous.

Abreuvoir. — *Voir des chevaux s'y baigner,* grandes joies prochaines; — *y voir un âne,* procès gagné; — *abreuvoir desséché,* mystère.

Abri. — *En chercher un,* présage funeste; — *en trouver un* signifie qu'on sortira triomphant des embûches et des piéges.

Absent. — *Rêver d'un absent,* chagrins domestiques, héritage qui vous est ravi.

Absinthe. — *En boire,* chagrin suivi de joie; — *en acheter,* présage d'amour.

Abstinence. — Présage de bonheur; signe d'une trop grande fécondité.

Acacia *en fleurs.* — Bonnes nouvelles; — *en feuilles,* difficultés à surmonter.

Accapareur. — Défiez-vous de ceux qui vous entourent: serrez votre argent; craignez d'être déshérité.

Accès *de fièvre.* — Vos enfants vous ruineront; — *de folie,* faveurs passagères, — *de toux,* indiscrétions de la part de vos serviteurs.

Accident. — *En être témoin sans y prendre part,* craignez une humiliation d'autant plus grande que l'accident sera plus grave; — *si vous portez secours,* un riche héritage vous attend; — *si celui à qui arrive l'accident est un ami,* redoutez sa trahison.

Accouchement. — *S'il est facile,* bonheur durable; — *difficile,* ruine de vos ennemis; — *si le nouveau-né est un garçon,* présage de grandes fatigues; — *si c'est une fille,* fin de tous vos chagrins; — *si ce sont des jumeaux,* grande richesse; — *rêver qu'on accouche d'un animal,* présage la mort d'un animal.

Accroc. — Peine légère; — *dans les bois,* cherchez un parrain.

Accumuler. — Vos projets sont contraires à vos véritables intérêts.

Accusation. — *Être accusé par une femme,* bonne nouvelle; — *par un homme,* suivez les conseils qu'on vous donne; — *accuser quelqu'un,* tourments, inquiétudes; — — *voir un accusé,* trahison, tromperie.

Achats. — *Si c'est à vous qu'on achète,* craignez une perte d'argent, — *si c'est vous qui achetez,* soyez plus économe.

Acteur. — Vous regretterez les plaisirs que vous prenez.

Actrice. — On en veut à votre bourse; le repos de votre ménage sera troublé; méfiez-vous d'une grande femme blonde.

Adieu. — *Le dire,* repos d'esprit, tranquillité; le *recevoir,* tourment, retour qui vous contrariera.

Adjudication. — Difficultés dans vos affaires.

Adoption. — Richesses pour l'âge mûr; *adopter un militaire,* gare les suites !

Adorer. — *Dieu,* paix de l'âme; — *ses enfants,* soyez sévère envers eux.

Adresse, ruse. — Vous parviendrez aux plus hautes dignités, aux plus grandes richesses.

Adversaire. — *S'il vous regarde,* il vous vaincra; — *s'il vous tourne le dos,* vous serez victorieux.

Adultère. — *Si vous en êtes la victime,* signe de bénéfice; — *si c'est vous qui le commettez,* vos projets seront contrecarrés; — *si vous le voyez commettre,* réjouissez-vous.

Adversité. — *Si c'est vous qui en êtes atteint,* c'est signe que vous n'êtes pas assez charitable; — *si ce sont vos amis qui sont malheureux,* prenez courage, vos embarras touchent à leur fin.

Affaires. — *En faire de mauvaises,* les vôtres tourneront bien; — *en faire de bonnes,* vos idées tourneront à la religion en vieillissant.

Affiches. — *Les lire,* vous faites un travail ingrat qui ne vous rapportera rien; — *les coller,* on vous fera une réclamation inattendue et désagréable.

Affliction. — *Si c'est vous qui en êtes atteint,* les méchants triompheront de vous.

Affût. — *Être à l'affût,* on vous tend des embûches; vous n'obtiendrez rien d'elle.

Agneau. — *En voir,* consolation dans vos souffrances; — *en tuer,* vous serez victime d'une lâcheté.

Agonie. — *Si c'est vous qui êtes à la mort,* vous hériterez bientôt; — *si c'est un parent,* vous serez frustré d'un héritage; — *si c'est un inconnu,* bénéfice inespéré.

Agrafes. — *Si vous rêvez que vous en achetez,* vous aurez la jambe cassée; — *que vous en vendez,* vous serez trompé; — *que vous en trouvez,* vous avez des craintes chimériques.

Agriculture. — Vous jouirez d'un bonheur sans mélange.

Aïeux. — Vous êtes menacé d'un procès de famille.

Aiguilles *à coudre.* — Longues tracasseries; — *à tricoter,* vous serez victime de médisances; — *si vous en êtes piquée,* élargissez votre ceinture.

Ail. — *En sentir,* vous aurez des révélations surprenantes sur des choses mystérieuses; — *en manger,* vous ferez une maladie dangereuse.

Air. — *Si l'air est pur,* tout ce que vous entreprendrez vous réussira; — *s'il est brumeux,* soyez prudent.

Alcôve. — Vous irez en prison; vous appellerez maman et maman ne viendra pas.

Aliments. — *Rêver qu'on prépare des aliments* annonce une demande en mariage; — *si on vous les offre,* vous aurez beaucoup d'enfants; — *si les aliments se changent en or et en argent,* vous serez volé.

Allaiter. — Présage de bonheur et de prospérité.

Allemagne, Allemand. — Perfidie, tromperie, gloutonnerie, cruauté.

Allumettes. — *Rêver qu'on en brûle,* vous êtes trompé par votre femme ou votre mari.

Alouettes. — *Les entendre chanter,* gaieté, richesse; — *les voir s'envoler,* grands succès; élévation rapide.

Amandiers. — *Amandes amères,* amitié sûre; — *manger des amandes vertes,* votre famille vous ruine.

Amadou. — Méfiez-vous, il a le cœur aussi brûlant avec toutes les femmes.

Amant, amante. — *Si vous voyez celui que vous aimez, calme, serein, beau,* c'est qu'il vous est fidèle; — *s'il est pâle, défait, rêveur,* il vous trompe. — *Si votre amant vous quitte,* ne craignez rien; — *s'il vous caresse,* tromperie.

Allaiter.

Ambassadeur. — Défiez-vous de ceux qui gèrent vos affaires, ils vous trompent.

Ambition. — Les voitures vous seront fatales; évitez les voyages sur mer.

Ambre. — *Voir un collier d'ambre,* un de vos enfants sera malade; — *sentir l'ambre,* vous êtes trahi dans vos amours.

Ambulance. — *La voir encombrée de blessés,* mort

prochaine; — *voir les blessés en convalescence,* vous aurez des nouvelles de quelqu'un que vous croyez mort.

Ame *qui monte au ciel.* — Vous perdrez votre bonheur par votre faute

Amende. — *Si c'est vous qui la payez,* bénéfice assuré; — *si vous y faites condamner quelqu'un,* faillite, perte de procès.

Amérique. — Vous ferez des affaires profitables; vous acquerrez une vie indépendante.

Ameublement. — *S'il est riche,* vanité punie, déceptions; — *pauvre,* amour malheureux; — *si on vous en donne un,* rompez de suite.

Ami. — *Voir votre meilleur ami,* rappelle pour que vous suiviez ses conseils, vous êtes en danger; — *voir vos amis réunis* indique une mort prochaine ou un mariage; — *rêver d'un ami mort,* héritage prochain. •

Amnistie. — Vous aurez des surprises agréables en rentrant chez vous.

Amour. — Bonheur complet; — *amour d'un brun ou d'une brune,* danger sérieux qui vous menace; — *d'une blonde,* vos fournisseurs vous trompent.

Amusement. — Plus l'amusement sera grand, plus vous aurez à redouter l'issue de votre prochain voyage.

Anatomie. — Vous serez guéri de vos maladies.

Ancre. — Vous recevrez une lettre.

Andouille. — Vous tomberez dans la misère.

Ane. — *Si vous l'entendez braire,* médisance et calomnie; — *si l'âne est gris,* votre femme vous trompe; — *s'il est blanc,* vous recevrez une lettre avec de l'argent.

Ange. — *Les voir voler,* vos richesses s'accroîtront.

Angelus. — *L'entendre sonner,* ne retardez pas le voyage que vous voulez faire.

Angoisse. — Votre sort sera prochainement fixé.

Anguille. — *Si vous la voyez vivante,* défiez-vous de la femme que vous aimez; — *si elle est morte,* de grands chagrins vous attendent.

Amour.

Animaux. — *Les voir en troupeau* est un présage très-heureux; abondance, bonheur, richesse.

Amis. — Apportez de plus grandes précautions dans la direction de vos affaires; donnez moins de temps à votre plaisir.

Anneau. — Mariage prochain; — *en briser un,* vous

serez infidèle; — *en avoir un au doigt*, bonheur en ménage.

Anniversaire. — *En fêter un*, vous aurez des querelles de famille.

Apothicaire. — Vous ferez une maladie longue, mais peu dangereuse.

Appétit. — *En avoir*, des amis que vous aimez vont s'éloigner; — *en manquer*, vous recevrez de mauvaises nouvelles.

Appeler. — *Rêver qu'on appelle quelqu'un*, vous perdrez un de vos amis ou de vos parents; — *si c'est vous qu'on appelle*, présage funeste.

Appointements. — *Les recevoir*, bonne chance; — *les perdre*, misère prochaine; — *les voir augmenter*, nouvelle d'un ami très-éloigné.

Apprentissage. — Vos ennuis ne dureront pas.

Approvisionnement. — Vous perdrez votre patrimoine par de mauvaises entreprises.

Aplatir. — *Si c'est vous qui aplatissez quelque chose*, vous réussirez dans votre vengeance; — *si c'est votre ennemi qui aplatit*, vous serez bafoué et moqué.

Apoplexie. — Vous êtes menacé dans vos intérêts; ne vous absentez pas souvent du soir au matin.

Araignée. — Vous serez trompé.

Arbitrage. — Comptez sur la protection de gens puissants.

Arbre *debout*. — Votre fortune est en bon chemin; — *touffu*, vous aurez beaucoup d'enfants.

Arc. — *Tirer de l'arc*, redoutez les mauvais amis; — *manquer le but*, vous serez bafoué.

Arc-en-ciel. — Vos ennuis n'auront pas de durée.

Archives. — Vous aurez des ennuis à propos de baux et de fermages.

Ardoises. — Vous trouverez des obstacles auxquels vous ne vous attendez pas.

Arêtes. — Vous ne prendrez pas de poisson ; on vous donne de mauvais conseils.

Argent. — *En compter*, vous serez volé ou perdrez votre bourse; — *en voir*, vous ne ferez pas les rentrées sur lesquelles vous comptiez.

Argenterie. — *La serrer*, on vous l'empruntera et on ne vous la rendra pas.

Armée *victorieuse.* — Vous serez ruiné; — *vaincue*, votre peine sera de peu de durée.

Arme *blanche.* — Trahison, perfidie; — *à feu*, vous ne serez pas malade de longtemps.

Armoire *pleine.* — Richesse; — *vide*, vous êtes trompé.

Arpentage. — Soignez vos papiers d'affaires, on veut vous faire un procès.

Arrestation. — *Voir arrêter quelqu'un*, un de vos amis est en danger; — *être arrêté*, vous éprouverez un affront.

Arrhes. — On vous fera un cadeau qui vous coûtera cher.

Arrivée. — Vous recevrez de bonnes nouvelles; — *inattendue*, fermez bien votre porte.

Artichauts. — Vous serez contrarié dans vos projets.

Artifice *(feu d').* — Vous parviendrez au plus hautes fonctions; une belle destinée vous est réservée.

Artiste. — Vous serez blessé dans vos goûts et vos habitudes par vos parents.

Ascension *d'une montagne.* — Bonheur éphémère.

Asphyxie. — Vos terres seront inondées; vos intérêts seront compromis.

Aspic. — Vous aurez une méchante femme.

Assassinat. — Vous acquerrez des richesses inespérées.

Assiette. — *Voir une pile d'assiettes,* bon présage; — *casser une assiette,* vous ferez une chute.

Assignation. — Vous recevrez une lettre anonyme qui sera la source de grands malheurs; défiez-vous de votre jalousie.

Assoupissement. — Votre violence vous sera fatale.

Asthme. — Trop de repos est nuisible à vos intérêts.

Astronomie. — Tout marchera au gré de votre désir.

Atelier *vide.* — Vous perdrez votre emploi.

Attelage. — Vous aurez bientôt un enfant.

Attendre. — Vous vous faites des illusions, vous perdez votre temps.

Attouchement. — La sagesse se tire de tous les dangers; vous n'aurez rien de ce que vous croyez si bien tenir.

Aubépine. — Vos amis vous aiment sincèrement; votre femme est fidèle!

Auberge. — Vous découvrirez un trésor; vos affaires prospèrent rapidement.

Audience. — Vous faites des démarches qui n'aboutiront à rien.

Aumône. — *La faire,* vous tomberez dans la misère; — *la recevoir,* héritage.

Aumônier. — Un de vos amis est menacé de la prison.

Automate. — Vos enfants auront la laideur et la malice du singe.

Autruche. — Les envieux cherchent à ruiner votre crédit; vous êtes trop naïve, il vous en cuira.

Avanie. — On vous prendra des vêtements.

Avenue. — Vous aurez une entrevue avec la personne que vous désirez.

Aveugle. — Ceux que vous prenez pour des amis sont des traîtres.

Avocat. — Craignez les bavards; fuyez le petit brun, il vous trompe avec ses promesses.

Avortement. — Votre amour est sans espérance, c'est un coup d'épée dans l'eau.

B

Babil. — Défiez-vous de votre chien, il deviendra enragé ; votre femme sera triste.

Badaud.—Vous aurez une dispute et des dents cassées.

Badiner. — Vous aurez beaucoup d'enfants.

Bagage. — Vous ferez de nombreux voyages.

Bagarre. — Vous aurez une femme querelleuse.

Balai.

Bain *en pleine eau*, longue vie; — *dans une baignoire*, maladie.

Baïonnette. — Victoire assurée

Baiser. — *Le donner*, réussite en amour; — *le recevoir*, surprise agréable ; — *les mains*, bonne fortune ; — *le derrière*, humiliation prochaine.

Bal. — Mariage prochain ; — *masqué*, celle que vous aimez vous trompe.

Balai. — Vous vous casserez une jambe dans la rue.

Balance. — Justice vous sera rendue; équilibrez vos recettes et vos dépenses.

Balançoire. — Mariage heureux, et beaucoup d'enfants. — *Si c'est une femme qui se balance,* il y en a une qui vous enverra promener.

Baldaquin. — Un malheur vous menace.

Ballon. — Vous vous lancez dans des entreprises au-dessus de vos moyens.

Banc *de bois.* — Position modeste, mais sûre; — *de fer,* redoutez la sévérité de vos patrons; — *de gazon,* méfiez-vous de Ferdinand!

Bancal. — *En voir un,* présage de richesse.

Bandage. — La faiblesse de votre caractère vous perd.

Bandeau. — Vos serviteurs vous trompent; — *en avoir un sur les yeux,* vous serez heureux en femme.

Balançoire.

Banque. — Résistez à votre penchant pour la dépense, il vous perdra.

Banqueroute. — Ne jouez jamais, vous vous y ruineriez.

Banquet. — Mort prochaine d'un de vos ennemis.

Baptême. — Vos affaires vous entraînent dans de longs voyages et vous trouverez du nouveau au retour.

Baquet *plein.* — Chagrin; — *vide,* bonheur.

Barbe *longue.* — Heureuse vieillesse; — *noire,* existence laborieuse; — *rouge,* chagrins domestiques; — *si* *une femme rêve qu'elle a de la barbe,* elle sera la maîtresse dans sa maison.

Barbouiller. — Si vous continuez, craignez le déshonneur.

Baril *plein.* — Abondance; — *vide,* on vous gruge.

Barque ou **bateau.** — Profits nombreux et faciles, fidélité de vos amis; existence calme et heureuse.

Bas. — Affront; — *mettre ses bas,* argent perdu; — *les ôter,* vous recouvrerez votre aisance; — *les perdre,* adieu la fleur d'oranger; — *les retourner,* vous ne ferez

Bas.

jamais accroire que votre vertu n'a pas eu d'accroc; — *bas rapiécés,* vos malheurs finiront; — *bas percés,* votre paresse est la cause de vos malheurs

Basse-cour. — Votre persévérance dans le travail vous donnera l'aisance.

Bassin. — Vous aurez sous peu une surprise très-agréable.

Bassinoire. — Vous aurez un entourage ennuyeux, si vous n'y prenez garde.

Bataille. — Mauvais augure; cancans, querelles, chagrins d'amour.

Bâtard. — Amour et tendresse.

Bâtir. — Vous vous élèverez grâce à votre travail et à votre persévérance.

Bâton. — Vous rencontrerez des résistances inattendues; — *s'appuyer sur un bâton*, ne négligez aucune précaution.

Battre *quelqu'un*. — Vos amours seront découverts; —*être battu*, vous découvrirez des secrets qui vous seront désagréables.

Baume. — L'amitié guérira les blessures de l'amour.

Bavardage. — On vous rendra de ce côté la monnaie de votre pièce.

Beauté. — Votre jalousie vous fera haïr.

Bêche. — Ne vous découragez pas, vous atteindrez votre but un jour ou l'autre.

Béquilles.

Beignets. — Vous serez réuni à ceux que vous aimez, prenez patience.

Belle-fille. — Trahison, passion coupable, mais bien agréable.

Béquilles. — Malheur prochain, secours inattendus; l'amour ne vous réussira pas.

Berceau *d'enfant*.—Fécondité extraordinaire; méfiez-vous; — *de jardin*, mystère.

Berger. — Mariage prochain et heureux.

Besace. — Vous tomberez dans une misère complète.

Betterave. — Richesse par le commerce; vous lui plaisez par la douceur.

Beurre. — *En battre,* naissance d'un fils; — *en manger,* naissance d'une fille bossue.

Blanc. — *En être vêtu,* mort ou maladie.

Blanchissage. — On réparera les torts qu'on a eus envers vous.

Blé. — Abondance, fortune par le travail et l'économie; calme et bonheur, fidélité, joie, abondance.

Bière, *boisson.* — Fatigue sans profit; — *cercueil,* grandes espérances.

Bijoux. — *En donner,* faux semblants d'amitié; — *en recevoir,* amour trompé; — *en perdre,* vous serez déshonorée.

Billet *de loterie.* — Réussite si vous pouvez lire les numéros; perte si les numéros sont illisibles; — *lettre,* changement de position.

Blessure. — *En faire,* soupçons injustes, perfidies; — *en recevoir,* bon signe, réussite dans ses entreprises; — *en panser,* services payés par l'amour; — *une femme qui rêve qu'elle est blessée,* fera un riche héritage.

Blouse. — Votre absence nuit à vos intérêts.

Bœufs *attelés.* — Union heureuse, paix intérieure; — *gras,* richesse, fortune, prospérité; — *maigres,* revers, fatigues, inquiétudes.

Boire *de l'eau fraîche.* — Heureux présage; — *du vin,* ivresse; — *de l'eau trouble,* malheurs.

Bois. — Vous recevrez dans la journée une visite désagréable.

Boisseau *vide.* — Vos intérêts sont compromis; — *plein,* vous recevrez de l'argent.

Boîte *ouverte.* — Vous vous marierez prochainement; — *fermée,* votre mariage souffrira de grandes difficultés.

Boiter. — *Voir un boiteux*, vous vous foulerez la jambe.

Bonheur. — Vos espérances seront trompées.

Bonnet. — Vous avez des amitiés dangereuses; — *le jeter*, vous savez ce qui vous en arrivera.

Borgne. — Redoublez de vigilance.

Bosse, bossu. — Tout vous réussira.

Bottes. — Querelles, jalousies, cancans; — *en voir sous un lit*, bonheur partagé.

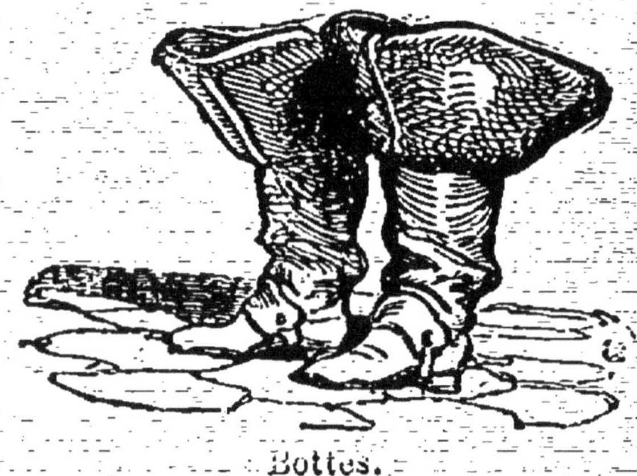

Bottes.

Bottines. — Vous courrez après, mais vous ne les attraperez pas.

Bouc. — Votre affection est mal placée, elle vous déshonore.

Bouche. — Ne croyez pas les médisances; on en veut à ce que vous aimez.

Boucher *quelque chose.* — Vous pénétrerez le mystère qui vous environne.

Boucherie. — Purgez-vous, le sang vous gêne, vous feriez des bêtises.

Boucles *de cheveux.* — Succès et bonheur; — *de souliers*, revers.

Bouder. — Vous vous réconcilierez avec celui ou celle que vous aimez.

Boudin. — Il est temps de vous retirer des affaires.

Boue. — Soyez plus entreprenant et tout vous réussira.

Bougie *allumée.* — Bonheur, réussite ; — *éteinte,* mort, maladie.

Boulanger. — Il est temps de faire des économies.

Bouleau. — Chassez votre mélancolie, elle nuit à votre santé.

Bouleversement. — La coquetterie est mauvaise conseillère.

Boulet. — Un grave événement se prépare ; vous êtes menacé d'un mariage.

Bouquetière. — Vos hommages ne seront pas acceptés ; vous n'aurez pas ce que vous attendez.

Bourrelets. — Vous n'aurez qu'un amour platonique, ne cherchez pas autre chose.

Bourreau. — Un grand crime sera commis dans votre localité.

Bourse. — *En trouver une,* vous perdrez de l'argent ; — *en perdre une,* vous ferez un héritage.

Boutique. — Le commerce vous sera fatal.

Boutons. — Vous ferez une prompte fortune.

Boutonnière. — Vous recevrez une déclaration d'amour.

Boyaux. — Vous avez des dispositions pour la musique ; cultivez-les.

Braconnier. — Vous hériterez de grands biens

Braise. — Vous êtes aimé d'un amour ardent.

Brancard. — Il vous arrivera un accident.

Branchages *secs.* — L'hiver sera rude ; — *verts,* craignez la solitude des bois.

Bras. — Amitié sincère ; — *maigres,* maladies, pertes ; — *gras,* plaisirs, richesses ; — *coupé,* veuvage ; le bras droit représente l'homme, le gauche la femme.

Brasserie. — Vous êtes enclin à la paresse.

Brebis. — Le travail vous procurera la richesse.

Brides. — Vous serez longtemps en tutelle

Brioche. — Vous aurez une indigestion.

Brique. — Vous gagnerez de l'argent dans le bâtiment.

Briser. — Votre santé est en danger.

Brocanteur. — Vous ferez de mauvaises affaires.

Broche. — Vous ferez un travail pénible, mais fort bien payé.

Brochet. — Vous serez mordu par un chien.

Broc. — Vous êtes enclin à l'ivrognerie.

Broderies. — La chance vous reviendra bientôt.

Bronze. — Vous avez le cœur trop dur, laissez-vous aller

Brosse. — C'est par votre ordre et votre propreté qu'on s'attache à vous.

Brouette. — Il est nécessaire de faire un voyage

Brouillard. — Vos amis vous trompent.

Brouille. — Faites les premiers pas, réconciliez-vous.

Bru ou **Belle-fille.** — On a pour vous une affection sincère.

Brûler. — Querelles domestiques, maladies dangereuses.

Buisson. — Vos affaires sont embrouillées, prenez un bon conseil.

Bureau. — On vous soustraira une lettre importante.

Busc. — Votre mariage sera bientôt fait; — *le casser*, mariage rompu, quoique presque consommé.

But. — Avec de l'adresse et de la persévérance, vous arriverez; — *le manquer*, soyez donc plus entreprenant, on vous attend.

Buttes. — Redoutez les chutes, les plus douces sont souvent les pires.

C

Cabale. — Vous aurez beaucoup de plaisirs dans le monde ; on vous recherchera.

Cabane. — Votre bonheur sera modeste, mais durable.

Cabaret. — Vous aurez beaucoup d'enfants.

Cabinet. — Votre femme ne vous sera pas fidèle ; — *particulier*, votre maîtresse vous quitte.

Cabriolet. — Vous voulez trop gagner, vous perdrez certainement.

Cachemire. — Votre coquetterie vous perdra.

Cachot. — Évitez les confidences dangereuses.

Cadavre. — Vous recouvrerez une bonne santé.

Cadeau. — Vous perdrez vos dents.

Cadran. — Vous vous levez trop tard, l'amour est plus matinal.

Cage. — *En acheter une*, vous courez risque d'être emprisonné ; — *mettre un oiseau en cage*, bonheur à deux.

Caisse. — Limitez votre luxe et votre dépense.

Caleçon. — Tromperie, mensonge ; — *voir un homme en caleçon*, vos amours manqueront de poésie.

Calomnie. — Vos fautes sont découvertes.

Calotte. — Vous courez de grands dangers, vous vous en tirerez par votre prudence.

Camphre. — Mariage d'inclination, longue vie, impuissance.

Canapé. — Marques d'affection qui auront des suites ; vous ne serez jamais couronnée rosière.

Canards. — Vous recevrez une lettre anonyme.

Canif. — Rupture de mariage, infidélités, querelles.

Carnage. — Vous perdrez quelqu'un de votre famille.

Cancans. -- On veut faire manquer votre mariage.

Cartes. — Vous serez dupé ; on trahira vos secrets ; vous serez victime des médisants.

Casserole. — Votre gourmandise sera satisfaite.

Cavalier. — Vous recevrez des nouvelles importantes, ou vous ferez une chute.

Cave. — Vous fréquentez de mauvaises sociétés qui nuisent à vos intérêts.

Caverne. — Ne vous embarquez pas dans des affaires véreuses.

Ceinture. — Vous ferez un mariage d'inclination ; *si vous faites ce rêve étant marié,* signe d'infidélités conjugales.

Cendres. Vous recevrez de tristes nouvelles.

Cerceaux, Cercles. — Vous triompherez des obstacles qui vous entourent ; — *cercle rompu,* mariage mal assorti.

Cercueil. — Vous êtes sous le coup d'un profond chagrin, la consolation ne se fera pas attendre.

Cerf. — Votre amour aura une mauvaise fin ; votre front ressemblera à celui de cet animal.

Cerf-volant. — Vous poursuivez des projets inutiles, vous n'aurez qu'une gloire stérile.

Chagrin. — Ressentir un violent chagrin en rêve est signe qu'une agréable surprise vous attend au réveil.

Chaise. — Vous aurez une vie calme et paisible ; — *rompue,* vous resterez fille.

Champ *inculte.* — Malheur, ruine ; — *cultivé,* richesse certaine par un travail assidu.

Champignons. — Votre vie sera longue, mais vous ferez fréquemment de petites maladies.

Chandelier.—Vous ferez prochainement un héritage.

Chandelle. — *En tenir une*, on prend votre amoureux et vous ne vous en apercevez pas.

Chant. — Vous épouserez difficilement celui ou celle que vous aimez.

Chapeau. — Vous aurez l'emploi que vous désirez; redoutez les rhumes.

Charbon.—Examinez votre conduite et faites promptement un retour sur vous-même.

Chardon. — Votre paresse vous conduira au déshonneur.

Charrette. — Vous aurez un procès que vous perdrez.

Charrue. — Ayez bon espoir, vous réussirez.

Chasse. — Vous réussirez au delà de vos espérances.

Chat. — Vous serez trompé par vos amis; — *chat enragé*, vous serez attaqué par des voleurs.

Chaudron. — Vous recevrez de bonnes nouvelles de la campagne.

Chauve. — Mauvaise chance; arrêtez-vous, il est encore temps.

Chauve-souris. — Vous découvrirez un trésor.

Chemin *droit et uni*. — Fortune facile; — *tournant*, difficultés à vaincre; — *montagneux*, les hommes d'affaires vous ruineront.

Chemin de fer. — Ce n'est qu'à l'étranger que vous ferez votre fortune.

Chemise. — Bonne santé; — *si vous rêvez que l'on vous voit sans*, votre vertu est en danger.

Chenet. — Vous êtes menacé d'une maladie.

Chenille. — Mauvaises récoltes, pertes d'argent.

Cheval. — Vous serez à la tête d'un établissement;

les voyages seront nécessaires au succès de vos entreprises ; — *en vendre un,* mauvaises affaires causées par l'insouciance ; — *en acheter un,* accroissement dans vos affaires ; — *cheval mort,* un danger vous menace ; — *blanc,* bonnes nouvelles.

Chat.

Cheveux *noirs.* — Santé et richesse ; — *blonds,* amours faciles ; — *blancs,* amitié sûre ; — *longs,* faiblesse, mollesse ; — *courts et mêlés,* querelles, combats ; — *frisés,* amour ardent ; — *voir tomber ses cheveux,* maladie longue et douloureuse ; — *les voir pousser,* accroissement de fortune.

Chien. — Amitié sincère ; — *enragé,* union mal assortie ; — *qui aboie,* calomnie.

Chirurgien. — Vous aurez un membre cassé en voyage.

Choucroute. — Beaucoup de travail pour peu de profit; changez d'industrie.

Choux. — Mariage prochain; — *fleurs*, faites-vous mettre de fausses dents.

Ciel *serein*. — Bonheur sans mélange; — *brumeux*, affaires embarrassées; — *en feu*, signe de maladie, pauvreté; — *étoilé*, beaucoup d'enfants.

Cierge *allumé*. — Signe de mariage; — *éteint*, mort prochaine.

Cigales, Sauterelles. — Votre bavardage vous fera manquer votre fortune.

Clefs

Cigogne. — Mariage prochain et trop heureux : vous aurez huit enfants.

Cimetière. — Vous partirez pour un long voyage.

Ciseaux. — Brouille d'amoureux, querelles de ménage, mauvaises affaires.

Citerne. — Il y aura une grande sécheresse.

Citrouille. — Vous recevrez de bonnes nouvelles; guérison de maladie, raccommodements.

Clef. — Naissance et mariage; — *en voir un trousseau*, vous êtes menacé d'un grand danger.

Cloche. — Mauvais augure, trahison, incendie, mort.

Clocher. — Succès dans vos entreprises; voyages, élévation rapide, mariage d'inclination.

Cloître. — Vous vivez trop dans l'isolement, cela nuit à vos intérêts.

Clou, Clouer. — On dit du mal de vous, la légèreté de votre conduite le motive.

Cochers. — On vous dira des grossièretés.

Cochon.

Cochons. — Mauvaise conduite, gloutonnerie, indigestion; méfiez-vous de votre voisin.

Cœur. — Maladies dangereuses, perfidies, trahison, chagrins d'amour, blessures, déceptions.

Coiffure. — Mettez plus d'ordre dans vos affaires; soyez moins coquette; vous excitez la jalousie.

Colère. — Vous manquerez de persévérance, vos ri- vaux triompheront de vous.

Colimaçon. — Vous perdrez votre place par votre pa- resse; l'amour vous fera porter des cornes.

Colique. — Vous aurez des contrariétés dans votre intérieur; votre mari aura toujours des prétextes pour vous refuser ce que vous désirez

Col, Collerette *de femme.* — Vanité, dépenses inu-

Colimaçon.

tiles; — *déchirée,* il est trop tard; — *d'enfant,* bonheur, paix du ménage; — *de jeunes filles,* mariage heureux.

Collier. — Défiez-vous des apparences, elles sont trom- peuses; ne vous engagez pas légèrement.

Colombes. — Plaisirs honnêtes; mariage avec un blond très-ardent.

Colosse. — Vous réussirez dans votre entreprise, grâce à un protecteur puissant.

Comédie. — On veut vous tromper, mais c'est vous qui profiterez de la tromperie.

Commander *quelqu'un.* —Payez vos dettes, il n'est que etmps

Commerce. — Votre intelligence vous procurera la fortune, ou du moins une honnête aisance.

Compère, Commère. — Vous aurez de beaux enfants, mais vous en aurez trop.

Commissaire.—Il se commettra un vol dans votre maison.

Commissionnaire.—Votre confiance est bien placée; continuez à être probe.

Commode.—Vous aimez trop l'argent, cela peut vous entraîner à de vilaines actions.

Complainte. —*La chanter ou l'entendre chanter,* très-mauvais signe.

Compliment. — On vous trompe, on ne vous aime point; on en veut à votre argent; croyez plutôt dans la parole franche et un peu rude.

Compote. —Vous êtes menacé d'une maladie de poitrine grave; n'attendez pas trop tard pour consulter.

Comptoir. — Vous êtes trop aimable, on ne croit pas à votre amitié; soyez plus naturelle; vous hériterez d'une petite maison de commerce dont les bénéfices seront modestes, mais sûrs.

Concert. — Vous êtes trop enclin au luxe, vous ruinerez votre maison; la discorde règnera dans votre intérieur.

Concombres ou **Melons.**—Mieux vaut douceur que violence; vous aurez de fréquentes indigestions.

Concierge. —Vous n'aurez pas la place que vous souhaitez, des médisances en seront cause.

Conciliation. — Vous perdrez de l'argent par votre négligence.

Condamné.—*En voir un,* bon signe, vous gagnerez un procès ; vous ferez un mariage malheureux.

Conduite.—*La faire à quelqu'un,* vous serez long a vous faire une bonne position.

Confidence.—*En faire,* une imprudence vous privera d'une riche succession; — *en recevoir,* vous recevrez une lettre de la plus haute importance.

Confiture. —*Les manger,* grande joie de famille; — *les faire,* l'hiver sera rude, faites des provisions.

Confusion.—Vos parents seront cause de votre ruine.

Conquête. — Des amis puissants vous feront arriver à ce que vous ambitionnez.

Conscrit. —Vous serez frappé dans vos plus chères affections; un militaire vous causera des contrariétés.

Conseils. — *En donner,* méfiez-vous des bavardages; — *en recevoir,* amitié perdue; — *de guerre,* vous dissiperez votre fortune; — *d'actionnaires,* vous placez votre argent dans des affaires hasardeuses.

Conserves. — Vous vous ferez une position grâce à votre économie, à votre ordre.

Consigne. — Votre caractère impérieux vous empêche d'être aimé.

Consolation. —Vous recevrez une lettre qui vous rassurera complétement sur le sujet qui vous inquiète.

Constance.—Les autres partagent les sentiments que vous éprouvez pour eux.

Constipation. — Vous faites trop d'économies, vous détruirez votre santé.

Consultation *d'avocat.* —Vous perdrez votre procès; — *de médecin,* à force de vous traiter pour des maladies imaginaires, vous vous rendrez malade.

Contentement. — On ne vous rendra pas ce qu'on vous a pris; une grande déception vous est réservée.

Contrariété. — Mille plaisirs vous sont réservés.

Contrat. — Vous manquez de hardiesse, cela nuit à votre reussite.

Contravention. — Vous ferez une chute dangereuse; ne sortez pas aujourd'hui.

Contrebande. — Des faillites vous feront perdre votre position; vous serez trompé sur les appas de votre femme ou sur la fortune de votre mari.

Contre-poison.—Rendez-vous manqué, brouille.

Contrevent. — Mettez une excessive prudence dans vos relations.

Contribution.—Vous avez une bonne renommée, de la considération; conservez-les par votre bonne conduite.

Convalescence. — Votre fortune ira en progressant; vous ferez un bon mariage ou un bel héritage.

Convives. — Vous faites de mauvaises entreprises et placez vos fonds légèrement.

Convulsion. — Vous serez victime d'une attaque nocturne; une personne qui vous est chère recouvrera la santé.

Copie. — Une bonne écriture vous fera trouver un emploi bien rétribué.

Coq. — Votre activité vous attirera toutes sortes de bonheurs; — *combat de coqs*, querelles, disputes à propos de femmes; méfiez-vous d'un vieux décoré.

Coquelicot. — Plaisirs champêtres, joies naïves.

Coquetterie. — Chagrins domestiques causés par des amis.

Coquillage. — Vous dépenserez beaucoup d'argent pour aller chercher un héritage qui n'en vaut pas la peine; — *en ouvrir un*, vous trouverez un objet rare.

Cor. — *L'entendre*, vous êtes aimé sincèrement; la chasse vous sera fatale; — *en jouer*, vous vous ferez détester par votre bavardage; vous aurez des chagrins d'amour.

Cors aux pieds. — Mille tourments empoisonneront votre existence.

Corbeau. — Signe de deuil et de douleur; non-réussite; maladies.

Corbillard. — Signe de mort ou de maladie longue et dangereuse.

Corde. — Longue et heureuse vie, santé régulière, fortune modeste.

Cordonnier. — Existence laborieuse et peu fortunée, vieillesse tranquille.

Cornes. — Affront, infidélité; vous en ferez porter, mais on vous le rendra avec usure.

Corniche. — Placez vos fonds sur des propriétés foncières.

Cornichons. — Si vous abusez des spiritueux, vous ruinerez votre santé; — *en manger*, vous épouserez un imbécile.

Corps *d'homme.* — Réussite; *de femme*, dépense, — *d'enfant*, santé; — *de garde*, ruine.

Correcteur. — Vous ferez votre fortune en dix années.

Corridor. — Vous faites de fausses spéculations, ne vous engagez pas dans des affaires véreuses.

Corset. — Infidélités, mauvaises mœurs; — *corset noir*, trop grande abondance; — *corset blanc*, plus d'apparence que de réalité; — *corset rouge*, bonne fortune prochaine.

Corsage. — Coquetterie, dépense, désordre.

Cortége. — Vous serez bientôt entouré de vos amis et de vos parents.

Côtes, Côtelettes. — Vous aurez un enfant infi vous aurez une maladie d'estomac

Coton. — Tromperie, vol; vous vous faites gloire de ce que vous n'avez pas.

Couleurs. — Coliques, empoisonnement.

Coups. — *En donner*, votre colère vous sera funeste, — *en recevoir*, honte, querelles.

Couperet. — Votre caractère tranchant vous vaudra bien des peines.

Coupure. — Voyez **Blessures**.

Courage. — Vous aurez plus d'honneurs que de profits.

Courir. — *Vouloir courir et ne pas pouvoir*: vous aurez de grands obstacles à surmonter.

Couronne *de fleurs.* — Plaisirs nombreux et faciles: — *de mariée*, mort.

Course. — Vous ferez un grand voyage pour rien.

Cousin, *insecte.* — Calomnie, — *parent*, mariage.

Couteau. — Désunion, inimitié.

Couturière. — Mariage d'inclination, bal masqué, plaisirs mondains.

Couvent. — Ennui; une maladie vous retiendra longtemps à la chambre.

Couvercle. — Indiscrétions, bavardages.

Couvert d'argent. — Vous serez parrain ou marraine d'ici peu.

Couvreur. — Votre ambition causera votre chute.

Crainte. — Soignez votre santé ou vous tomberez malade.

Crapaud. — Dégoût, mauvaise digestion, calomnie.

Cravache. — Vous serez battu ou blessé par un cheval.

Crayon. — Vos enfants seront des artistes distingués.

Créancier. — Mettez de l'ordre dans vos affaires.

Crémaillère. — Vous aurez des voisins désagréables.

Crêpe, *voile.* — Deuil, mort; — *gâteau*, noces, festins;

— méfiez-vous, le champagne vous rendra faible et en voudra en abuser.

Cresson. — N'abandonnez pas votre industrie.

Crevettes. — On vous traite de pique-assiettes.

Crêpe.

Crier. — *Vouloir et ne pas pouvoir crier,* mauvais signe, un grand danger vous menace.

Crime. — Vous êtes menacé dans vos affections et dans votre fortune.

Croisée. — Vous ferez votre fortune en construisant des maisons.

Croix. — Honneur et profits; coquetterie et dépense.

Crucifix. — Un héritage vous sera ravi par les manœuvres de vos ennemis.

Cruche. — Vous briserez un objet de prix; votre maladresse causera vos malheurs.

Cuir. — Vous ferez votre fortune dans le commerce des bestiaux.

Cuisine. — L'aisance sera la conséquence du plus ou moins d'ordre avec lequel vous tiendrez votre maison.

Culbute. — Gêne momentanée; monsieur le maire est là, mais ne vous y fiez pas.

Culotte. — Inconduite, désirs déshonnêtes.

Culture. — Le travail vous donnera l'aisance

Curé. — Consolation, mort prochaine.

Curieux. — Vous faites trop légèrement vos confidences à des indifférents.

Cuve, Cuvette. — Ne prenez pas trop de médicaments; fermez vos rideaux le soir, et méfiez-vous des curieux.

Cygnes. — Rappelez-vons l'histoire de Léda.

Cyprès. — Deuil de famille, mort d'un parent ou d'un ami.

D

Daim. — Un vieux monsieur voudrait vous faire la cour; prenez garde, on veut vous faire aller.

Dais. — Vous ne ferez pas de maladies dangereuses.

Dame. — La société des femmes est agréable, mais dangereuse : méfiez-vous-en.

Dames *(jeu)*. — Vous vous livrez à des combinaisons

inutiles; agissez toujours avec franchise et droiture, vous vous en trouverez bien.

Danger. — Vos projets réussiront d'emblée.

Danseur, Danseuse. — La joie et la gaieté règneront dans votre maison; un mariage se prépare.

Dartres — Vous sauverez la vie à quelqu'un qui vous récompensera généreusement.

Dé *à coudre.* — Vous êtes poursuivi par une piqueuse

Danseuse

de bottines; mais, nouveau Joseph, vous la repousserez; — *à jouer,* vous vous ruinerez si vous jouez aux jeux de hasard.

Débâcle. — Richesse pour le pauvre; misère pour le riche

Débauche. — Votre conduite met obstacle à votre établissement

Débordement *d'eau.* — Votre santé a besoin de grands soins ; soignez-vous, il est encore temps.

Débris.— La fatalité vous poursuit, vous ne la vaincrez qu'à force de persévérance.

Décence. — Vous aurez un affront en public: votre mari ne la respectera pas.

Déchirer.—Les travaux abonderont dans votre maison.

Décision. — N'en prenez pas à la légère; pourtant ne laissez pas passer l'occasion.

Déclaration. — *En faire*, vous serez dupé en amour; — *en recevoir*, on vous tend un piége.

Dé à coudre.

Décoiffer. — Des ennuis, de vives contrariétés vous attendent; vos amis se moquent de vous.

Décoration. — La vanité vous perd; revenez à des sentiments plus en rapport avec votre position.

Découper. — Santé chancelante, mais longue vie.

Découragement. — Vous aimez plus que vous n'êtes aimé; vous avez trop d'ambition.

Découvrir — Une riche succession vous sauvera.

Décrotteur — Ruine, perte de procès.

Dédain. — Vous êtes trop fier, vous ne vous ferez pas aimer.

Déesse. — Vous ne vivez pas assez dans la réalité, vous vous faites de fausses illusions.

Défense. — Coquetterie, espoir trompé.

Défiance. — Mauvais présage.

Défiguré. — Vous plairez plus par vos qualités que par votre figure ; craignez les chiens enragés ; n'ayez pas de chat chez vous.

Défricher. — C'est dans les colonies que vous ferez fortune.

Dégât. — Votre ruine est prochaine, à moins que vous ne gagniez votre procès.

Dégeler. — Affliction, ruine, décès.

Dégradation. — Celui qui s'élève sera abaissé.

Dégraissage.— Vous ferez un héritage qui vous causera bien des tourments.

Dégringoler. — Agissez avec la plus grande prudence et la plus grande loyauté, sans quoi, vos projets seront renversés.

Déguenilller. — A la pauvreté succédera la fortune ; faites l'aumône, cela vous portera bonheur.

Déjeuner. — Méfiez-vous du vin blanc, il sera cause de votre défaite.

Délicatesse. — Vous ferez une maladie de courte durée, mais la convalescence sera longue.

Délices.—Vous abusez de tous les plaisirs.

Délire.—Vous êtes trop sérieux, vous rendez la vie monotone à tous ceux qui vous entourent.

Déluge.—L'année sera humide, vous attraperez des rhumatismes.

Démangeaison.—Il vous arrivera prochainement de l'argent.

Déménagement. — Il surviendra de grands changements dans votre position; prenez garde, c'est un volage.

Démenti.—Vous aurez une querelle avec une personne que vous aimez beaucoup.

Démolition. — On vous lèguera une propriété qui vous coûtera fort cher de réparations.

Dénonciation.—Vous vous livrez trop légèrement; redoutez les indiscrétions.

Dentelles. — Vous serez volé dans votre commerce; l'amour du luxe causera votre ruine.

Dentellière. — Votre cœur sera pris par une grisette, et vous ferez des bêtises.

Dentiste.—Mensonges qui vous seront préjudiciables.

Dents.—*Rêver qu'il vous en pousse*, accroissement de famille; — *qu'elles tombent*, mort, ruine; — *qu'elles se gâtent*, maladies, brouilles.

Dépôt. — Vous êtes en péril, mais votre droiture vous fera trouver le bon chemin.

Dérèglement. — Rien ne vous réussira, si vous ne suivez pas la ligne droite.

Dérouiller. — Faites vos affaires par vous-même au lieu de les confier aux étrangers.

Descendre.—Mauvais présage, surtout si c'est dans un endroit étroit et sombre.

Désert. — Vous vous trouverez mêlé dans des affaires désagréables.

Déserteur. — Un de vos parents ou amis militaire montera en grade.

Déshabiller. — Honte et affront public, déshonneur; vous courez à la chute.

Deshériter.—Vous négligez trop vos parents.

Déshonneur.—Signe d'un malheur prochain.

Destruction.—Vous aurez l'emploi que vous désirez, si vous savez plaire à vos supérieurs.

Détacher.—On découvrira facilement vos secrets.

Déterrer.—Vous hériterez d'une fortune sur laquelle vous ne comptiez pas.

Dettes. — Vous aurez beaucoup de bénéfices cette année, mais les années se suivent et ne se ressemblent pas.

Dévider. — L'ordre et l'aisance règneront dans votre maison.

Devoir.—Vous aurez une vie heureuse et facile.

Dévot.—Vous aurez l'estime de votre entourage.

Deux à deux.—Union conjugale, amour, jouissances dont vous aurez bien vite assez

Diable. — *Le voir*, tourments et peines; — *être emporté par lui*, présage du plus grand bonheur;—*le combattre*, revers.

Diamants.—Vous employez mal votre fortune et vos protections, vous n'arriverez à rien si vous ne changez pas de conduite.

Dieu. — Bénédiction, prospérité, vie exempte de chagrins.

Diffamation.—Grandes contrariétés domestiques.

Difformité. — Celui ou celle que vous épouserez ne sera pas doué des agréments du visage, mais sera d'une bonté sans égale.

Diligence. — Vous serez longtemps sans ouvrage.

Dindon.—On tient des propos malveillants contre vous, cela vous fera du tort.

Dîner.—Vous avez une maladie d'estomac.

Discorde.—L'union règnera dans votre ménage.

Discrétion.—Vous êtes accusé d'ingratitude.

Disette. — Faites d'abondantes provisions.

Dispute.—Vous aurez un mari querelleur et des enfants colères.

Distillation.—Vous gagnerez un lot à une loterie.

Divorce. — Vous n'aurez pas d'enfants ; si vous en avez, ils vous quitteront de bonne heure

Docteur. — Évitez de prendre trop de médicaments.

Doigt. — Plaisirs, profits; — *coupé*, chagrins, querelles en ménage.

Dispute.

Domestique. — On vous vole vos provisions; surveillez mieux votre maison.

Dominos, *jeu.*—Vous aurez un intérieur paisible et des enfants charmants.

Donation.—On vous frustrera de votre héritage; vous aurez beaucoup de procès.

Dormir, Dormeur. —Votre paresse est cause de votre mauvaise position.

Dorure.—Vous ne conserverez pas votre fortune.

Dos.—Les femmes seront cause de votre perte.

Dot.—Votre femme vous trompera, et vous vous consolerez avec une de ses amies.

Douane.—Vous aurez de la peine à surmonter les obstacles qu'on vous oppose.

Doublure.—Vous faites trop de cas des apparences, et vous avez tort.

Douleur.—Vous vous tourmentez trop pour des affaires d'argent : cela nuit à votre santé sans servir vos intérêts.

Dragon.

Dragées.—Vous serez bientôt parrain ou marraine.

Dragon.—Vous aurez beau faire, vous n'obtiendrez rien de celle que vous poursuivez ; prenez garde, vous êtes surveillé.

Drap, *étoffe.*—Mariage ; —*de lit*, mort.

Drogues.—Le temps vous rendra la santé, n'abusez pas des fleurs dans votre chambre.

Duperie. Vous serez volé ou voleur.

Dureté.—Méchanceté, trahison.

Durillon. — Voyage lointain et accident.

Duvet.—Honte et misère par votre faute.

Dyssenterie. — Plaisir durable dont la source ne tarira pas.

E

Eau *claire.* — Bon rêve; — *bourbeuse,* danger qui vous menace; — *chaude,* convalescence; — *glacée,* amour non partagé; — *de Cologne,* coquetterie; — *de vie,* ivrognerie; — *bénite,* mort; — *de source,* santé robuste.

Éborgner.—Vous ne voyez pas clair dans vos affaires, et il vous en cuira.

Éboulement. — Ne faites pas l'acquisition que vous méditez.

Ébrancher.—Vous ferez une chute dangereuse

Échafaud.—Misère publique, famine ou peste.

Échalas. — Récoltes abondantes, année fructueuse; vous poursuivez une paire de jambes minces du haut, fines du bas.

Écharpe.—Accident, rupture d'un mariage.

Échéance.—Vous menez trop grandement votre maison, restreignez vos dépenses.

Échecs.—Vous n'êtes pas aimable en société.

Échelle.—Disgrâce, perte d'emploi, de fortune. Votre femme cherche à vous tromper.

Écheveau *de soie.*—Fortune; — *de fil,* mauvaises affaires, surtout si l'écheveau est embrouillé.

Éclair.—Discorde, guerre, blessures, dégâts.

Éclipse *de soleil.* — Vous perdrez l'appui de vos protecteurs, vos parents vous abandonneront; — *de lune*, espoir trompeur, amour sans espoir.

Écluse.—Domptez vos mauvais penchants.

École.—Vous aurez beaucoup d'enfants, surtout des filles, et vous les élèverez toutes.

Économie. — Il faut être économe, mais pas avare.

Écorce.—Approfondissez les projets de ceux qui vous entourent.

Écorchures.—Vous ferez une maladie légère.

Écran.—Amitié feinte, plaisirs trompeurs.

Écraser. — Votre enfant naîtra avec un signe au pied ou au bras.

Écrevisses *vivantes.*—Désunion, déception; —*cuites*, séparation de corps; mariage manqué par suite d'une indiscrétion.

Écume.—Vos ennemis vous calomnieront; cependant votre innocence sera reconnue.

Écureuil.—Beaucoup de mouvement pour rien.

Écurie.—Vous serez favorablement accueilli; on vous recherchera pour votre ordre et votre activité.

Edifice.—N'épousez pas un homme employé chez un entrepreneur; évitez les échafaudages.

Effacer.—Vous êtes sur une pente dangereuse.

Efforts.—Vous réussirez dans ce que vous entreprendrez; vos amis sont prêts à vous aider.

Effronterie.—Vous serez supplanté par un parent ou un ami.

Église. — Soyez toujours bienfaisant.

Égouts.—Vos instincts pervers vous perdront.

Électricité.—Lettre longtemps désirée.

Emballage.—Voyage ou déménagement.

Embaumer. — Maladie ou enterrement d'un très-proche parent.

Embourbé.—Vous êtes menacé d'un danger sérieux, soyez très-prudent.

Embrasser.—Trahison, inconduite, plaisirs défendus;

Embrasser.

— *être embrassé sur la bouche,* on vous surprendra avec lui, et vous perdrez votre place.

Embrocher.—Vous serez invité à un baptême ou plutôt à un mariage.

Émeute.—Vous avez de mauvaises connaissances.

Emmaillotter. — Mariage d'inclination; vos enfants seront votre satisfaction.

Emplâtre. — Maladie dans laquelle vous serez bien soigné.

Emplettes.—Argent dépensé inutilement.

Empoisonner.—Vous dépensez trop pour le plaisir et la toilette, et pas assez pour votre nourriture.

Enclume. — Vous gagnerez beaucoup d'argent au moyen du fer.

Encre.—Ce que vous avez écrit se tournera un jour contre vous.

Enfant. — *Le tenir dans ses bras*, bonheur; — *le voir courir dans la maison*, richesse; — *voir un enfant qui refuse le sein*, maladie longue et dangereuse.

Enfer.—Vous aurez une peur qui mettra vos jours en danger; — *mettre le diable en enfer*, grand plaisir suivi de cuisants regrets.

Enfiler.—Mariage prochain et très-heureux.

Enflure. — Ce que vous craignez arrivera.

Engelure. — L'hiver sera très-rigoureux.

Engourdissement.—On se moque de votre indécision de caractère.

Enlèvement. — Les spéculations ne vous réussiront pas.

Enluminer. — Inconduite et paresse, la misère ensuite; mettez-vous au travail, il est temps.

Ennemi. — Votre esprit est inutilement inquiet.

Ennui. — Vous ne travaillez pas assez de vos mains et trop de votre tête.

Ensevelir. — Vous recevrez une mauvaise nouvelle qui vous fera beaucoup de peine

Enseigne.—C'est dans le commerce que vous réussirez.

Ensemencer.—Travail fructueux ; maternité précoce et souvent renouvelée.

Enseigner.—Vous avez la parole trop facile, veillez sur vous.

Eteignoir. — On veut vous empêcher de vous faire connaître; mais vous y parviendrez quand même.

Enterrer. — Mariage d'argent; quelque chose y manque.

Entre-sol. — Vous aurez une position modeste, mais sûre.

Épaule *de femme.* — Persévérez, le succès est certain; — *belles épaules,* ne vous fiez pas aux apparences.

Épée. — Duel, querelle, trahison.

Épines. — Médisance, calomnie, bavardages.

Épingle. — Ordre, économie et abondance.

Épitaphe. — Lettre d'un parent éloigné depuis longtemps.

Éponge. — Fortune mal employée : précaution inutile ; vous avez trop d'orgueil.

Équerre. — Justice vous sera rendue.

Escalier. — *Le monter,* bonheur et prospérité ; — *le descendre,* trésor à ramasser ; — *en tomber,* ruine et déshonneur.

Escroc. — Vous voyez une mauvaise société.

Espion. — Faux amis qui vous perdront.

Esprit. — Vous faites des lectures nuisibles à votre repos et à votre santé.

Estaminet. — Vous prisez ou vous fumez trop.

Estomac. — Vous êtes gourmand; cela nuit à votre santé.

Estrade. — Vous arriverez à une grande fortune ou à une grande réputation.

Estropié. — *L'être,* grande fortune; — *en voir,* bonheur de courte durée.

Étang. — Vous attraperez un gros rhume à la pêche.

Été. — Songes heureux

Étouffement. — Remords tardifs et inutiles.

Étoile *tombant du ciel,* mort; — *très-brillante,* espoir; — *pâle,* voyage dangereux.

Éventail.

Etui. — Vous épouserez une femme vertueuse.

Étranger. — Vous ferez un mariage de raison.

Étrennes. — Bonheur conjugal et maternel; naissance d'un garçon.

Évanouissement. — Amour passionné.

Éventail. — Rivalité d'amour, combat.

Exécution. — Votre bienfaisance vous rapportera au centuple.

Exemption. — Visite d'un militaire, garde à vous!

Exercice. — Santé robuste, vie très-longue.

Exil. — Vous arriverez à une grande position.

Expédition. — Accidents en chemin de fer.

Extase. — Vous faites un travail inutile.

Extravagance. — Le déshonneur est dans votre famille.

F

Fabrique. — Redoutez toujours les associations.

Facteur. — Vous recevrez prochainement la lettre que vous attendez.

Faction. — Chagrin domestique, jalousie.

Fagots. — Vous attraperez un gros rhume.

Faillite. — Vous réussirez dans le commerce.

Faim (*avoir*). — Votre gourmandise fatigue votre estomac : soyez plus sobre.

Famille. — Rêve de très-bon augure ; prospérité, amour conjugal, santé, longue vie.

Famine. — Voyez **Disette.**

Fantôme *blanc.* — Maladie légère ; — *noir*, mort.

Fard. — Dissimulation, ingratitude, maladie de peau.

Fardeau. — *En porter*, vie laborieuse, travail peu fructueux ; — *en voir porter*, vous ferez travailler les autres.

Faucheur. — Guérison, fortune lente, mais sûre.

Fausse couche. — Perte d'un tout jeune enfant.

Fauteuil. — Vous menez une vie trop sédentaire.

Femme *brune.* — Querelles ; — *blonde*, paix et bonheur ; — *rouge*, haine et malheur ; — *grande*, richesse ; — *petite*, médiocrité ; — *belle*, tromperie ; — *laide*, bonheur durable ; *femmes mortes*, soyez prudent, un grand danger vous menace.

Fenêtre. — Voir **Croisée.**

Fer *à cheval.* — Voyage qui vous procurera la fortune ; — *chaud ou froid,* bon signe.

Feu. — Colère, tourments, jalousie, maladies.

Feux-follets. — Mort ou maladie longue.

Feux d'artifice. — Naissance de beaux enfants.

Feuilles, feuillage. — Espoir réalisé, amour partagé.

Fiançailles. — Vous ferez un mariage d'inclination, il n'en sera pas plus heureux pour cela.

Fièvre. — Ambition, vanité déçue.

Femmes.

Figure. — Le rêve est bon ou mauvais suivant que la figure est triste ou gaie, belle ou laide.

Fil, filer.—Ennuis, contrariétés; existence monotone.

Filasse. — Procès qui traîne en longueur et que vous finirez par perdre.

Filet. — Tout vous échappera : richesses et amour.

Fils. — Vous serez mal payé.

Filou. — Vous vous préoccupez trop de votre argent, vous le placerez mal. Ayez plus de confiance.

Flambeau *allumé.* — Mariage ; — *éteint,* infortune.

Flammes. — Réussite complète dans vos affaires.

Fleurs. — Jeunesse longue et heureuse; enfants charmants; tendres messages.

Fleuve. — Péril, danger pour l'avenir; — *s'y noyer*, protection inattendue.

Foin. — Bénéfices modestes, mais sûrs.

Foire. Ne dispersez pas vos ressources.

Folie. — Mariage de raison qui sera heureux.

Fontaine *jaillissante.* — Fortune rapide, position brillante, mariage avantageux.

Fleurs.

Fortune. — Danger de perdre de l'argent.

Fossé. — *Rêver qu'on y tombe* est mauvais signe, surtout si le fossé est plein d'eau ou de boue.

Fossoyeur. — Mort d'un parent éloigné.

Fou. — Un de vos enfants sera la gloire de son pays et de sa famille.

Foudre. — *La voir tomber*, année d'une fertilité extraordinaire.

Fourche. — Vous ferez un héritage qui vous coûtera plus qu'il ne vous rapportera.

Fourchette. — N'admettez pas tant d'indifférents dans votre intérieur.

Fourmi. — Le travail procure l'abondance.

Fourrages. — Les chevaux seront votre perte.

Fourrures. — Vous aimez trop vos aises et vous négligez beaucoup trop vos occupations.

Francs-maçons. — Vous pouvez compter sur vos amis ; superstition ridicule.

Frayeur. — Ne soyez pas superstitieux.

Frère. — Querelles et jalousie continuelles.

Friture. — Vous serez en butte à des méchancetés de femmes : tenez-vous en garde.

Froid. — Vie longue, mais mauvaise santé.

Fruits *verts.* — Difficultés de position ; — *mûrs,* mariage heureux, mais trop d'enfants ; — *confits,* plaisir sans peine ; — *gâtés,* déconfiture.

Fumée. — Médiocrité, plaisirs éphémères.

Fumier. — Abondance ; — *s'y coucher,* déshonneur et honte prochaine.

Funérailles. — Votre ennemi succombera bientôt.

Fusée. — Mauvais présage.

Fuseau. — Héritage sur lequel vous ne comptez pas.

Fusil. — Mariage avec un militaire.

Futaille *vide.* — Prospérité ; — *pleine,* accroissement de famille ; — *défoncée,* désenchantement.

G

Gageure. — Brouille entre amis ou dans le ménage· c'est vous qui mettrez les pouces.

Gain. — Héritage mal acquis ne profite pas.

Gaîne. — Ne faites pas de placements aventureux.

Gaîeté. — Mettez votre conscience en paix.

Galanterie. — Si c'est une femme qui fait ce rêve, il signifie inconstance; infidélité; si c'est un homme, succès.

Gandin.

Gale. — Vous avez un mauvais entourage qui nuit beaucoup à vos intérêts.

Galérien. — Audace, courage, force, santé.

Galette. — Vous serez récompensé de vos peines.

Gandin. — Méfiez-vous de ceux qui ont toujours la bouche en cœur, ils n'ont rien dans le cœur ni dans la cervelle.

Garçon *jeune.*—Bonheur en ménage; — *vieux,* soucis, inquiétudes et tourments.

Garde *champêtre.* — Procès; — *malade,* naissance; — *militaire,* beaucoup de peine pour rien; — *manger,* économie; — *fou,* prudence.

Garnison. — Bon signe, surtout pour les militaires.

Gâteau. — Fête de famille, réconciliation, danse.

Gaz. — Position élevée acquise par les talents.

Gaze. — Rendez-vous nocturne.

Gazon. — Abondance; on y fait des chutes dont on ne se relève jamais.

Géant. — Le succès dépassera votre ambition.

Gelée. — Maladie dangereuse : vous en guérirez.

Gendarme. — Ménage paisible : beaucoup d'enfants, des garçons surtout.

Gendre.— Mariage prochain dans la famille; retour d'un voyageur que vous avez cru mort.

Général.— Mauvais augure, surtout pour un militaire.

Générosité. — Vous serez prochainement parrain ou marraine.

Genièvre. — Existence abreuvée d'amertume.

Geôlier. — Trahison d'un ami sur lequel vous comptiez : ne vous fiez à personne.

Gibier. — Si vous continuez à trop bien vous nourrir, vous aurez la goutte.

Girouette.—Changement heureux dans votre position.

Glace *(frimas).* — Amour platonique; — *glace,* vos chagrins seront promptement oubliés.

Gland.— Disette, pauvreté.

Glissade.—Faites attention à vos enfants.

Glu. — Vous ne pourrez pas rompre votre liaison.

Gorge. — Plus vous en montrerez, moins vous le séduirez. Laissez deviner, cela vaut mieux.

Gourmandise.—Vous serez ruiné par votre désordre.

Gousse d'ail. — Bonne santé jusque dans un âge avancé, vous êtes trop petite-maîtresse.

Goutte.—Langueur et misère : vous en sortirez cependant ; mais il vous faudra beaucoup de patience.

Grange.—Ménagez votre argent, vous en aurez besoin sous peu.

Grand-père, grand'mère. — Famille unie.

Graveur. — Plus d'honneur que de profit.

Grenier. — Les souris dansent quand les chats sont en campagne.

Grillageur. — Liberté d'un captif; rendez-vous nocturne qui pourra avoir de mauvaises conséquences.

Grimace. — Mensonge, dénonciation.

Grimper.—Vous ferez une chute dangereuse.

Grisette. — Votre vertu est terriblement aventurée.

Grossesse. — Il faut semer avant de récolter.

Grotte. — On surprend vos secrets ; méfiez-vous.

Groupe. — On fait des cancans sur votre compte.

Guêpes.—Vous triompherez des méchants.

Guerrier.—Dissolution de société, liquidation.

Guichet.—Lettre inattendue.

Guinguette.—Mauvais ménage, divorce.

Guillotine.—Accident grave.

Guitare.—Amour heureux, mais de courte durée.

H

Habit, Habillement. — *Vieux,* tourment et pauvreté; — *neuf,* amélioration dans la position; — *en vendre,* prodigalité; — *en acheter,* richesse mal acquise.

Hache. — Un grand danger vous menace.

Haie. — Obstacles à vaincre à force de ténacité.

Haine. — Ne redoutez pas vos ennemis, un ami puissant combat pour vous.

Halle. — Trésor caché que vous découvrirez.

Hamac. — Voyage long et dangereux.

Hameçon. — On abusera de votre confiance.

Hareng. — Faites attention, les arêtes vous causeront un grave accident.

Haricots. — Beaucoup de bruit pour rien.

Harpe. — Vous détruirez votre bonheur si vous êtes envieux, contentez-vous de ce que vous avez.

Hussard.

Hérisson. — Votre mauvais caractère éloigne vos amis.

Héritage. — Succession qui vous sera ravie.

Herse. — Travail assidu et récompensé.

Hibou. — Mort ou maladie d'un ami.

Hirondelle — Plus vous en voyez, plus ce rêve est heureux; bonnes nouvelles de l'étranger; bonheur, *si on* *les voit entrer dans la maison;* mauvais augure, *si on voit une hirondelle morte.*

Hiver.—Prospérité, bonheur calme ; peu d'enfants.

Homicide. — Vous avez de l'inflammation, soignez-vous promptement.

Homme. — *Grand,* jalousie ; — *petit,* conquête ; — *brun,* mariage ; — *blond,* fatalité ; — *rouge,* déception ; — *riche,* misère ; — *pauvre,* bonheur ; — *vieux,* déshonneur ; —*jeune,* succès ;—*beau,* adulation ;—*laid,* considération.

Hôpital.—Mensonge ; — *y entrer,* bonne santé ; — *en sortir,* mort.

Hôtel.—Vous avez des amis indiscrets qui porteront la ruine dans votre maison.

Huîtres. — Fête, réunion de famille ; — *en manger,* vous goûterez un plaisir défendu.

Hussard. — Nouvelles d'un millitaire que vous aimiez beaucoup et qui vous a trompé.

Hydropisie. — Mort subite d'un proche parent.

Hypocrisie. — Ayez confiance en vos parents et en vos amis, méfiez-vous d'un bossu.

I

Ignorance. — Trop d'étude nuit à la santé.

Ile. — Ennui, solitude, affection qui n'est pas partagée ; plus de peine que de plaisir.

Illumination. — Grand bonheur, richesses inespérées, c'est le moment de penser à votre avenir.

Incendie. — Héritage, fortune inattendue, succès.

Inconnu. — Réclamation désagréable et inattendue.

Inconstance. — Vous réussirez dans tout ce que vous entreprendrez.

Incrédulité. — Vérifiez soigneusement vos comptes

Indifférence. — La désunion se mettra dans votre ménage, votre froideur en sera la cause.

Indigent. — Vous recevrez de l'argent aujourd'hui.

Infamie. — Quelqu'un de votre famille vous causera bien des ennuis.

Infidélité. — Perte de considération.

Ingratitude. — Votre reconnaissance vous assurera des protections puissantes.

Ivresse.

Inhumation. — Fidélité sans bornes; pardon des injures. Vous n'aurez pas affaire à des ingrats.

Injures. — Prospérité commerciale, bonnes relations, récoltes abondantes.

Injustice. — Vous êtes ingrat, corrigez-vous.

Innocence. — Vie calme et heureuse; deux enfants seulement, garçon et fille.

Inquiétude. — Regrets superflus, il est trop tard.

Inondation. — Mauvais rêve en général : les rêves où

l'eau joue un rôle important indiquent un mauvais état de santé ou une maladie prochaine.

Insensibilité. — Votre cœur est trop prompt à s'enflammer. Ayez plus de calme.

Insulter *quelqu'un.* — Malheur; — *être insulté,* vengeance.

Interprète. — Les paroles s'envolent, mais les écrits restent. Parlez peu, n'écrivez pas.

Intrépidité. — Défiez-vous des faiseurs d'embarras, ou vous seriez leur dupe.

Invalide. — Vieillesse tranquille, bonne renommée.

Inventeur. — Beaucoup d'honneur, peu de profit.

Ivraie. — Enfants laids, mais intelligents et fins.

Ironie. — Votre mauvaise langue vous fera haïr.

Ivoire. — Patience; illusions, rêveries dangereuses.

Ivresse. — Opulence; santé, longue vie.

J

Jabot. — Vous sacrifiez trop à la vanité, à la toilette, cela vous fera du tort.

Jacinthe. — Votre confiance est mal placée.

Jalousie. — Évitez les tiers dans votre intérieur.

Jambes. — Heureux présage, position élevée.

Jambon. Redoutez les indigestions.

Jardinage. — Mariage d'argent qui deviendra mariage d'inclination : si la personne est mariée, elle aura de beaux enfants; si elle est âgée, heureuse vieillesse.

Jarretière. — Infidélités; votre jalousie est fondée : c'est dans votre entourage qu'est celui ou celle pour qui on vous trompe.

Jaunisse. — Maladie; vous ferez un héritage.

Jet d'eau. — Amour sincère; fortune médiocre.

Jeu. — *Y gagner*, mauvais signe; — *y perdre*, déclaration d'amour. — *voir jouer quelqu'un*, trahison, chagrins cuisants.

Jeunesse. — Curiosité punie; chagrins domestiques; enfants difficiles.

Joues *pâles*. — Mariage forcé; — *roses*, mariage d'inclination; *rondes*, beaucoup d'enfants; prospérité.

Joujou, Jouet. — Bonheur conjugal; longue vie, heureuse vieillesse.

Jupon.

Joûte. — Votre paresse et votre nonchalance vous empêchent seules d'avoir une position plus élevée.

Jours. — Avertissement du ciel, vous êtes menacée d'un grand danger.

Journal. — Vous négligez vos affaires pour celles des autres. Votre position en souffrira.

Juge, Jugement. — On vous cherchera chicane, apportez plus d'ordre dans la conservation de vos papiers.

Jumeaux. — Maladie d'enfants; héritage litigieux.

Jument. — Prochain mariage, avantageux pour la famille. Vous aurez beaucoup d'enfants.

Jupon *court.* — Insulte ; — *long,* respect.

Justice. — Mauvais rêve : vous serez accusé.

L

Laboratoire. — Plus vous étendrez vos connaissances, plus votre position s'améliorera.

Laboureur. — Rêve du plus heureux augure : succès, abondance, richesse, bon mariage, santé, longue vie ; mais la face des choses changerait complétement si vous voyiez des corbeaux voler au-dessus du laboureur.

Labyrinthe. — Suivez toujours la ligne droite, ne vous mêlez en rien aux intrigues de ceux qui vous entourent : vous en seriez la victime.

Lacet. — Soyez discret, ne causez pas de vos amours.

Lâche, Lâcheté. — Chagrins, affront, ennuis.

Laine. — Union de famille, travail fructueux, enfants dociles.

Lait, Laiterie, Laitière. — Frugalité, plaisirs champêtres ; — *en répandre,* mauvais signe ; — *en boire,* amour sincère, santé, longue vie.

Lame *rouillée.* — Trahison, indiscrétion ; — *ébréchée,* dangers ; — *tranchante,* malheur irréparable.

Lampe *allumée.* — Travail assidu, position modeste, mais sûre ; — *éteinte,* chagrins d'amour, discorde.

Langue. — Bavardage, *si c'est une femme qui fait ce rêve ;* éloquence, *si c'est un homme ;* — si *c'est une femme enceinte qui fait ce rêve,* elle aura un fils qui deviendra acteur ou avocat.

Langueur. — Votre insouciance vous est très-funeste ; fuyez les mauvaises pensées.

Lanterne *sourde.* — Trahison; —*allumée,* vigilance; *éteinte,* réconciliation.

Lapin *blanc.* — Succès; — *noir,* revers; — *gris,* paix du ménage; — *en manger,* mariage ou naissance; — *en tuer un,* perte et duperie.

Lard *frais.* — Réussite; — *fumé,* contrariétés.

Larmes. — Santé altérée et qui exige de grands ménagements.

Laveuses.

Latrines. — Profits sans grande peine; peu d'honneur; relations riches.

Laurier. — Gloire et renommée dans votre famille.

Lavande. — Respect, amitié sincère, relations sûres.

Lavement. — Dévouement dans la maladie; — *en donner,* orgueil et présomption; — *en recevoir,* dédain, amitié trompée.

Laveuses. — Vous vous mettrez bientôt en ménage.

Layette. — Naissance, baptême, bonheur maternel.

Légataire. — Vous jouirez d'une estime universelle.

Lessive. — Bonheur conjugal, nombreux enfants.

Lettres. — L'affaire que vous méditez aura un bon résultat ; vous serez rassuré sur la fidélité de quelqu'un qui vous est cher.

Levain. — Médisance, indiscrétion, haine.

Lèvres. — Amour et bonheur de longue durée.

Licou. — Laissez-vous conduire, cela vaut mieux.

Lettre.

Lie. — Trop de plaisir est toujoujours suivi de beaucoup de peine. Soyez plus modéré en tout.

Lierre. — Vos enfants seront le plaisir et le soutien de votre vieillesse.

Lièvre. — Saisie, faillite, billets protestés; ingratitude, légèreté, mensonge.

Limace. — Bêtise, infidélité, saleté, dégoûts, avarice

Lime. — Ayez de la persistance dans vos entreprises et vous réussirez.

Limonadier. — Dépenses inutiles, plaisirs sans fruit, mauvaises connaissances.

4.

Lin. — Affection durable; ayez confiance.

Linceul. — Mort dans la famille ou la maison.

Linge. — Aisance, position aisée, fortune assurée; peu d'enfants, mais de bonne constitution.

Lion. — Force et courage, mais dureté; danger d'être écrasé par un supérieur.

Liqueur. — Vous trouverez la douceur de caractère.

Lire *des romans.* — Entraînement au mal; — *lire de bons livres,* bonne fortune, relations agréables.

Loup.

Lis. — Vous trouverez un merle blanc.

Lit. — Ordre, économie, bonheur en ménage.

Logement. — Misère et inconduite.

Loterie — Le jeu causera votre ruine.

Loup. — Oubli de toute moralité, mépris.

Loyer *(payer son).* — Mauvais présage.

Lumière. — Vous vous laissez aveugler, vous vous en repentirez.

Lune *dans son plein.*—Santé et bonheur; — *en croissant,* naissance, mariage; — *voir deux lunes dans le ciel,* présage funeste, brouille dans le ménage; — *voir la lune très-rouge,* danger général, malheur public.

Lunette. — Disgrâce; votre aveuglement cause votre perte : laissez-vous guider.

M

Macarons. — Légèreté de conduite, propos inconsidérés; trop de bavardages.

Machine *en mouvement.* — Fortune dans l'industrie, prospérité par le commerce ; — *arrêtée,* inventions qui ne profiteront pas à l'inventeur ; perte d'argent.

Main.

Mâchoire. — Richesse, non pour vous, mais pour vos parents et amis.

Maçon. — Mauvais présage, fatigue, tourment.

Magnétisme. — Aversion changée en amitié ; influence bienfaisante.

Main. — *Petite,* despotisme ; — *grande,* force et courage ; — *blanche,* coquetterie ; — *rouge,* travail.

Maison. — *Basse,* bonheur paisible ; — *haute,* vie accidentée ; — *en ruines,* mauvaises affaires.

Maîtres. — *Rêver qu'on en a de bons,* profits honnêtes ; — *qu'on en a de mauvais,* changement de condition.

Maîtresse. — Réussite en amour; grand bonheur; mariage d'inclination et d'argent tout à la fois.

Mal, Malade. — Rêver que l'on est malade signifie que l'on se porte bien de corps, mais que l'esprit est trou-

Manchon.

blé; il faut alors prendre de la distraction.

Malle. — *Acheter une malle,* voyage lointain; — *la faire,* voyage sans espoir de retour.

Manchettes. — Fatuité, coquetterie dont vous vous repentirez.

Manchon. — Indifférence, sécheresse de cœur.

Manchot. — Vous avez le cœur trop bon, les intrigants en abusent

Manger. — Signe d'un estomac fatigué.

Mansarde. — Amourettes qui vous compromettront.

Manteau. — Hypocrisie; dévouement mal récompensé; pauvreté honteuse.

Manufacture. — Richesse par un travail assidu et persévérant; — *en voir brûler une,* perte de vos espérances.

Maquignon. — Vous avez affaire à des fripons.

Marais. — Une épidémie fera de grands ravages.

Maraudeur. — Affaires compromettantes pour vous.

Marché. — Profits insignifiants; travail peu lucratif et très-fatigant.

Maréchal. — Brutalité, mauvaise conduite.

Marguerites. — Désir de mariage.

Mari. — Bon signe pour celle qui n'en a pas; mauvais signe pour celle qui en a.

Mariage. — Mauvaises nouvelles de l'étranger.

Marmite.

Marin. — Héritage d'un parent éloigné.

Marionnettes. — Trop de faiblesse de caractère.

Marmite. — *Pleine,* aisance; — *vide,* misère; — *renversée,* malheur en ménage.

Marmiton. — Vous arriverez à la fortune après avoir passé par les positions les plus subalternes.

Marmotte. — Pauvreté, insouciance, gaieté.

Marraine. — Ne vous fiez pas aux promesses de ceux qui se disent vos amis.

Marrons. — Réunion agréable; bonheur durable.

Marteau. — Un de vos amis est menacé d'un très-grand malheur

Martinet. — Votre conduite révolte à juste titre vos amis, vos parents.

Masque. — Vous avez affaire à des hypocrites.

Matelas. — Intérieur aisé; héritage d'un mobilier.

Matelote. — Ruine par l'abus des plaisirs de la table.

Mausolée. — Mort d'un grand personnage.

Méchanceté. — Vous serez victime d'un abus de confiance.

Médaille. — Amour partagé; heureuse vieillesse.

Médaillon.— Mariage d'inclination; condition humble.

Médecin. — Mort ou maladie; malheur inévitable.

Médisance. — Les méchants se prendront aux piéges qu'ils vous tendent.

Mémoire *(en payer un).* — Affaires litigieuses; — *Perdre la mémoire,* esprit profond.

Ménage *(entrer en).* — Mariage malheureux; — *en acheter un,* votre mari sera ivrogne et coureur; votre femme légère et dépensière.

Mendiant.— *(L'être),* richesse et prospérité; *en voir,* pauvreté, accidents; — *s'il en entre dans votre maison,* mauvais signe, misère par inconduite.

Mensonge. — Si *vous le faites,* trahison, perfidie dont vous serez victime; — *si on vous en fait,* prospérité commerciale, acquisitions avantageuses.

Mer. — Vous recevrez des nouvelles que vous n'espériez plus concernant un riche héritage.

Mercerie. — Beaucoup de peine pour rien; petits ennuis, inquiétude.

Mère. — Rêver à sa mère est toujours bon signe, et d'un heureux présage si on la voit bien portante; — *rêver*

qu'on va être mère, est signe d'abondance et de félicité; — *voir sa mère morte* signifie péril dans la famille.

Merveilles. — Votre ambition démesurée nuira à votre bonheur ; soyez plus modeste.

Messager. — Surprise agréable, cadeaux inattendus.

Métier. — Richesse par le travail, l'ordre et l'économie.

Meubles. — *En acheter*, héritage ; — *en vendre*, misère.

Mendiante.

Meule *de moulin.* — Aisance de foin ou de blé, abondance ; — *de rémouleur*, mort.

Meunier, Meunière. — N'épousez pas une personne au-dessus de votre condition; la médiocrité sera votre partage.

Mie de pain. — Rien n'efface la honte et le déshonneur.

Miel. — Défiez-vous des flatteurs ; embûches bien tendues.

Migraine. — Vous aurez des enfants d'un esprit extraordinaire qui seront la gloire de leur famille et de leur pays

Militaire. — Amour non partagé.

Millionnaire. — Ruine par mauvaise gestion de vos affaires.

Mine *de charbon.* — Mystère; — *d'or*, misère; — *y descendre*, chute; — *en remonter*, espoir.

Miroir. — Coquetterie, fatuité.

Misère. — Vous aurez beaucoup d'enfants.

Mitaines. — Maladies, grandes souffrances.

Mode. — Ruine causée par des dépenses désordonnées : arrêtez-vous, il n'est que temps.

Moisson. — Prospérité constante en affaires.

Mollet. — Celui ou celle que vous aimez est laid, mais bon : ayez confiance en lui.

Monnaie. — Vous dépensez trop légèrement votre argent, pensez plus à l'avenir.

Moulin.

Moqueur. — Vous prenez trop au sérieux les propos des indifférents; moquez-vous des cancans.

Morale. — Vous enfants seront la joie et la consolation de votre vieillesse.

Morsure. — Jalousie, envie.

Mort. — Longue vie, mais maladies fréquentes; — *parler à un mort,* mort prochaine dans la famille.

Mouches. — Persécutions, ennemis persévérants.

Mouchoir. — Héritage prochain *s'il est sale;* — perte d'argent *s'il est propre;* — *perdre un mouchoir,* mauvais signe; — *en trouver un,* heureux présage.

Moulin. — On fera de vous tout ce que l'on voudra.

Moustaches. — Vous n'êtes pas autant aimée que vous méritez de l'être.

Mouton.

Moutons. — Mieux vaut douceur que violence; — *un mouton à la broche,* au train dont vous y allez, il ne vous restera rien pour vos vieux jours.

Mule ou **Mulet.** — Voyage qui vous contrariera.

Mur ou **Muraille.** — Votre entêtement nuit à l'exécution de vos projets.

Mûres et Ronces. — Mauvais ménages, querelles en famille.

Musique. — *En faire,* bonne renommée; — *en entendre,* bonheur intérieur; — *mauvaise musique,* brouille, querelle, affaires embrouillées.

Myrte. — Vous ne vous marierez jamais, et c'est ce qui vous sera le meilleur.

Mystère. — Plaisirs dangereux ; honte et mépris.

N

Nager *en eau claire.* — Réussite après bien des traverses ; — *en eau trouble,* insuccès, dangers, difficultés insurmontables.

Nains. — Ennemis qui vous perdent en vous ridiculisant ; ayez moins d'abandon.

Naissance. — Mariage, héritage : ce rêve est toujours d'un heureux présage.

Nappe. — *La mettre,* bon signe ; — *l'ôter,* mauvais signe ; — *en ranger dans une armoire,* déception dans des affaires d'intérêt.

Natte. — Vous conserverez d'heureux souvenirs.

Naufrage *(faire).* — Grandes influences ; — *en voir un,* rupture d'un mariage ; — *voir des naufrages sur un radeau,* espoir trompeur.

Navire. — Voyage longtemps retardé qu'il faut accomplir sans délai.

Négligence. — Peines et infortunes par votre faute : veillez à vos intérêts.

Neige. — Tristesse, plaisirs de peu de durée, danger de mort.

Nègre. — Fortune à faire dans les produits exotiques. — *négresse,* méfiez-vous des cheveux frisés.

Nénuphar. — Vous épouserez un homme trop calme pour vous.

Nerfs. — Querelles, contrariétés en ménage.

Nettoyer, Nettoyage. — Santé et aisance.

Nid *d'oiseaux.* — Naissance qui vous comblera de joie; — *de serpents,* trahison, mensonge.

Noce. — Voyez **Mariage.**

Nœud. — Mauvais ménage; vous serez trompé.

Notaire. — Riche héritage, mais vivement disputé; mariage d'argent.

Nourrice. — Mauvais signe pour les gens mariés; maladies, tourments.

Nouvelles (*bonnes*). — Malheur; — *mauvaises,* bonne chance.

Noyé. — Bon augure s'il est retiré de l'eau; mauvais, s'il est encore dans l'eau ou si c'est vous qui le retirez, surtout si l'eau est trouble.

Nuages. — Bouleversements, troubles.

Nudité. — Maladies, pauvreté, affront, perfidie.

O

Obscurité. — Évitez de mettre un tiers dans vos affaires de famille.

Oculiste. — Vous êtes aveugle dans le choix de vos affections, et il vous en cuira.

Œil. — Indiscrétion; — *en perdre un,* bonheur inespéré et prochain.

Œufs *rouges.* — Contrariété; — *frais,* plaisirs champêtres; — *cassés,* mauvaise conduite; — *dans un panier,* entreprise malencontreuse.

Oie. — Votre mari portera tout ce que vous voudrez.

Oignons. — Vous vous créez des chagrins chimériques et bien inutiles.

Oiseaux. — Légèreté de conduite qui amènera bien des chagrins pour l'âge mûr; famille très-nombreuse.

Oncle ou Tante. — Héritage donnant matière à procès de très-longue durée.

Ongles *longs.* — Paresse; — *courts,* activité; — *les voir tomber*, mort ou maladie ; — *les manger*, inconduite.

Onguent. — Bonnes nouvelles ; prompte guérison si l'on est malade.

Or. — On vous séduira par des paroles trompeuses.

Orage. — Voyez **Tempête.**

Oranges. — Mariage riche, position élevée.

Ordures. — Mépris public, honte dans la famille.

Oie.

Orgie. — Déréglement de mœurs; maladies longues et dangereuses.

Orgue. — Quelqu'un de votre famille se consacrera à vie religieuse.

Orgueil. — Votre fierté nuit à votre position et à celle de vos amis; soyez moins orgueilleux.

Orphelin. — La charité attire l'affection et l'estime.

Ortie. — Vous serez blessé dans votre amour-propre ; punition méritée.

Oreille. — Gardez mieux vos secrets.

Osier. — Il faut savoir plier pendant les orages.

Ours. — Gens mal élevés, grossiers, qui vous persécutent; montrez plus de caractère.

Outils. — Vous êtes dans le chemin qui conduit au bonheur et à la fortune.

P

Paillasse. — Misère par paresse et inconduite ; mauvaises connaissances.

Paillasson. — Ordre, propreté, économie.

Paille.—Bonheur si on la voit liée en bottes; malheur si elle est éparpillée.

Paillasse.

Pain *blanc.* — Bonheur suivi d'infortunes; — *noir,* malheur passager vaincu par le travail.

Palais. — Vous mourrez dans l'indigence.

Pantoufle. — Vous perdrez une chose précieuse à la suite d'un bal.

Panier *ouvert.* — Désordre : — *fermé,* ordre, économie.

Papier. — Procès ; tentatives de séduction.

Parapluie *ouvert.* — Vous saurez vous garder des extravagances; — *fermé,* les bons conseils ne seront pas écoutés.

Pantoufles.

Papillons. — Coquetterie, légèreté en amour, faiblesse d'esprit, on ne vous sera pas fidèle.

Papillottes. — Vous recevrez des nouvelles agréables; succès amoureux.

Paquet. — Arrivée d'un voyageur sur lequel vous ne comptiez pas.

Paradis. — Riche héritage imprévu

Paralysie. — Maladie grave et longue.

Parrain. — Protection assurée.

Passeport. — Un de vos enfants sera consul, ambassadeur ou charcutier.

Pâté. — Bon signe pour les femmes.

Patrouille. — Votre conscience vous fait de justes reproches, écoutez-la.

Pauvreté. — Vous serez riche un jour.

Paysan. — Vous recevrez un bon cadeau.

Pêcheur. — Avec de la patience vous réussirez.

Pêches (fruit). — Amour illicite; bêtise et malignité.

Peigne. — Vos affaires sont embrouillées.

Pelle. — Vous avez de mauvais voisins, méfiez-vous-en et ne bavardez pas.

Pendus. — *En voir*, très-mauvais signe; — *rêver qu'on les dépend*, fortune prochaine.

Parapluie.

Pendule. — Vous perdez votre temps; laissez cela de côté; occupez-vous d'autre chose.

Perdrix. — Vous recevrez des cadeaux de gibier; — *si ce sont des perdrix rouges*, vous perdrez un œil dans l'année.

Père. — Vous aurez des reproches dans la journée.

Perles. — Vous aurez autant d'enfants que vous voyez de perles.

Perroquet. — Vous serez victime des cancans et des bavardages.

Perruquier. — Vous perdrez vos cheveux après une longue maladie, et ils repousseront blancs.

Peuplier. — Il y aura dans votre famille quelqu'un qui s'élèvera à une haute position.

Peur. — Vous aurez une contrariété dans la journée, une mauvaise nouvelle.

Piano. — Vous aurez une vie animée et agréable.

Pie. — Vols, cancans qui vous feront du tort.

Pied. — Goûts bas et vulgaires; inclinations mauvaises, fâcheuses pour votre avenir.

Piéges. — Le séjour de la campagne vous sera funeste.

Pierres *précieuses.* — Inconduite; — *en jeter,* jalousie; — *en recevoir,* malheurs.

Pigeons. — Vous aurez beaucoups d'enfants.

Pipe. — Redoutez un incendie.

Piquer, Larder. — La gourmandise compromettra votre santé.

Piqûre. — Vous serez blessé dans votre amour-propre; petite maladie.

Pitié. — Vous n'avez pas assez de compassion des autres, vous vous en repentirez.

Plaine. — Brillant mariage si le rêveur est célibataire; riche héritage s'il est marié.

Plaisirs. — Leur durée dépendra de leur nature.

Pleurer. — Vous n'essayez pas assez de surmonter vos impressions; trop de faiblesse est fatale.

Plomb. — Présage funeste.

Pluie. —Bonheur si elle est abondante; malheur si elle est fine, en brouillard.

Plumes *blanches.* — Honneur et richesses; — *noires,*

enterrement; — *sales et traînées dans la boue,* réputation ternie, — *qui volent,* position brillante, mais peu sûre.

Poêle *(fourneau).*— Modeste aisance, mariage de raison

Poêle ou **Poêlon.** — C'est un coureur, méfiez-vous.

Poisson. — Abondance acquise par le travail.

Poivre. — Maladie dangereuse guérie miraculeusement; — méfiez-vous des charlatans.

Pomme. — Rivalité de femmes jalouses.

Port de mer. — Lettre importante reçue dans la semaine.

Porte *ouverte.* — Bon signe; — *fermée,* mauvais signe; — *brisée,* avenir perdu.

Portrait. — Amitié durable; souvenirs agréables.

Poudre. — Vos enfants auront un caractère difficile; déployez une grande fermeté.

Poule. — Vous aurez beaucoup d'enfants.

Poux. — Grande abondance dont vous ne saurez pas profiter; lorsque vous le voudrez, il sera trop tard.

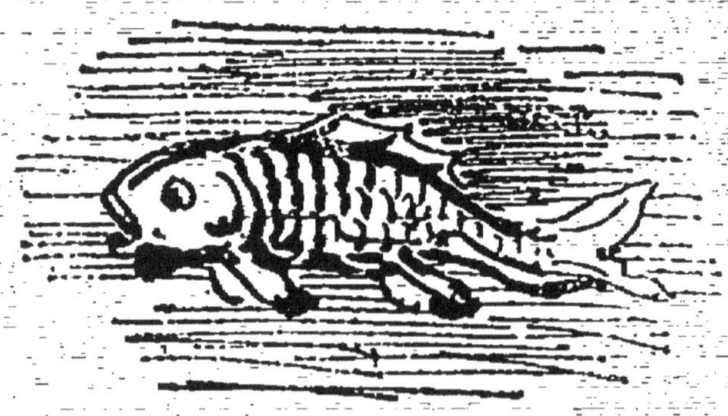

Poisson.

Prairies. — Amour sincère que vous dédaignerez; — *s'y promener,* prenez garde, il est souvent plus mauvais de glisser sur la mousse que sur la glace.

Prédicateur. — Suivez les avis de la première personne que vous rencontrerez sur l'affaire qui vous préoccupe.

Presse (*foule*). — Affaires embrouillées.

Prison. — Le bonheur attendu est prochain.

Procès. — Perte d'une vieille amitié.

Procession. — Paix dans le ménage, fortune limitée.

Promenade *avec une femme.* — Perte d'argent; — *avec un homme,* blâme public; — *avec des enfants,* prospérité.

Quenouille.

Puces. — Ennemis entreprenants.

Puits. — Danger caché. prenez garde d'y succomber.

Pupitre. — Acceptez l'appui qui vous est offert.

Purgation. — Retour à la santé d'ici peu.

Q

Quais. — Abandon, solitude, peines de cœur.

Quartier. — Réunion agréable d'amis et de parents.

Quenouille. — Bonheur par le travail ; — *brisée,* chagrins domestiques.

Querelle. — Jalousie causée par médisance.

Questions.— Curiosité déplacée, soupçons mal fondés.

Quête. — Amis importuns et indiscrets.

Quilles. — Projets renversés, position brisée ou du moins bien ébranlée.

Quinquet. — Donnez de l'instruction à vos enfants.

Quittance. — Remboursements inespérés.

R

Rabais. — Qui veut trop gagner perd tout.

Radotage. — Vieillesse anticipée par votre faute.

Ramoneur.

Rage. — Perfidie; faux amis; on veut vous nuire.

Raie. — Flatterie qui vous fera faire des sottises.

Raillerie.— Amour-propre excessif qui vous coûtera cher; duel; querelles.

Raisins. — Abondance; année fructueuse; réussite assurée.

Râle. — Mauvaises nouvelles; perte d'argent.

Ramoneur. — Dégâts dans la maison; pertes et dommages très-sérieux.

Raquette. — Légèreté de caractère et de mœurs.

Rasoir. — Veillez avec plus de vigilance sur vos enfants et vos serviteurs.

Rat. — Prodigalité; désordre qui amènera l'indigence.

Rateau. — Vous passez à côté des bonnes affaires sans les voir : ayez donc plus d'énergie.

Récompense. — Vous recevrez un bienfait intéressé.

Réconciliation. — Brouille entre amis ou parents, pour des affaires d'intérêt.

Reconnaissance. — Ne faites jamais le bien dans l'espoir d'en tirer du profit.

Récréation. — Vous pensez trop au plaisir : vos affaires en souffrent.

Refus. — Vous manquez de fermeté dans le caractère.

Régiment. — Aide et protection assurées.

Religieuse. — Paix de l'âme et du cœur.

Reliques. — Ne donnez jamais que de bons exemples.

Remise. — Vous êtes assuré d'un asile pour vos vieux jours, mettez malgré cela quelque argent de côté.

Rémouleur. — Trop aiguiser use autant que la rouille.

Renard. — Vos serviteurs et vos enfants abusent de la bonté de votre cœur.

Rencontre. — Vous rencontrerez des obstacles sur votre route.

Rendez-vous. — Vous êtes sur une mauvaise pente; il est encore temps de vous arrêter.

Repas, Festin. — Réunion de famille; mariage prochain.

Repasser. — Travail persévérant, couronné de succès; honnête aisance.

Reposoir. — Grande maladie suivie d'une longue convalescence, guérison certaine.

Réservoir. — Vos petites économies fructifieront au centuple, si vous savez vous y prendre.

Rendez-vous.

Retard. — Mépris dû à de fausses apparences : expliquez-vous franchement.

Rêver. — *Croire rêver et le faire réellement* indique une grande fatigue d'esprit; il faut un repos immédiat.

Réveillon. — Indigence par inconduite.

Révolte. — Perturbation dans vos affaires; vos relations sont mauvaises.

Rhume. — Tempérament colère et emporté.

Ribote. — Fainéantise; inconduite; misère.

Richesse. — Votre mari vous ruinera, il aimera le jeu et beaucoup trop le cotillon.

Ride. — Vertu récompensée.

Rideaux. — Dissimulation s'ils sont fermés; franchise s'ils sont ouverts.

Rivage. — Bonheur après une vie agitée.

Rival, Rivalité. — Entreprise malheureuse.

Rivière. — Voyez **Eau.**

Robe *neuve.* — Inconstance; — *vieille,* misère; — *rouge,* vanité; — *blanche,* espérance; — *noire,* deuil.

Roman. — Le temps perdu ne se rattrape jamais.

Roses. — Félicité conjugale; beaux enfants; belle position; heureuse vieillesse.

Rosée. — Bénédiction du ciel; réussite dans les entreprises commerciales.

Rosière. — Vertu en danger; vanité coupable.

Roue. — La fortune est inconstante : méfiez-vous.

Ruche. — Richesse par une bonne association.

Ruine. — Réussite prochaine et complète.

Ruisseau. — Vous ne prospérerez qu'autant que vous ne voudrez pas vous élever trop vite.

S

Sable. — Ce que vous entreprenez n'aura ni durée ni solidité; les bases en sont mauvaises.

Sabot. — Vous recevrez un coup de pied de cheval qui mettra vos jours en danger.

Sabre. — La violence de votre caractère empêche qu'on ait de l'affection pour vous.

Sage-femme. — Nombreuse famille, position peu aisée.

Saigner. — Les rêves où il s'agit de sang indiquent toujours un grand trouble d'esprit et un mauvais état de santé.

Saindoux. — La douceur vous attirera l'affection de tout le monde.

Saints ou **Saintes.** — Vos enfants seront méchants comme le diable.

Salaisons. — Plaisirs mêlés d'amertume et de regrets.

Sangsues. — N'empruntez jamais aux usuriers.

Sapeur.

Sapeur. — Méfiez-vous, toutes les femmes sont ses payses et il leur en conte à toutes.

Satin. — Votre luxe vous fait mal juger de tout le monde.

Saucisse, Saucissons. — Mauvaise société qui vous perdra de toute manière.

Sauvage. — Vous aurez des enfants d'un caractère difficile; vous ferez bien de ne pas vous marier.

Savant. — Entourez-vous de gens instruits et honnêtes, vous y gagnerez.

Savetier. — Travail difficile et mal payé.

Savon. — Affaires embrouillées qui vous feront perdre de l'argent.

Scandale. — Succès dans vos entreprises.

Sceau. — Si vous êtes discret, vous aurez la confiance d'une personne riche qui vous laissera son héritage.

Scie. — Vous aurez la satisfaction du cœur.

Seau (*vase*). — Redoutez les bavardages de femmes.

Secret. — On parle de vous plus qu'il ne le faudrait pour votre bien.

Séducteur. — Blessure longue à guérir; laissez soupirer, mais ne l'écoutez pas.

Sein. — Mariage prochain, ou accouchement.

Semailles. — Richesse et famille nombreuse.

Sentinelle. — Un cœur pur ne redoute rien, un cœur coupable tremble sans cesse.

Sépulcre. — Grand deuil dans la famille.

Sérail. — Votre mari vous trompe avec une blonde.

Sérénade. — Rendez-vous dangereux; méfiez-vous des airs langour ux et des belles paroles.

Seringue. — Vous épouserez quelqu'un dans la pharmacie; s. vous êtes marié, votre enfant sera herboriste.

Serrure. — Vol avec effraction.

Service. — Faites aux autres ce que vous voudriez qu'on vous fit.

Sifflet. — Insulte, ironie, méchancetés.

Singe. — Infidélité, malices de femme.

Soie. — Opulence mensongère.

Soldat. — Méfiez-vous des militaires, ils sont coureurs; ce n'est pas avec lui que vous pourrez réparer votre faute.

Somnambule. — Grand danger qui vous menace.

Sérénade.

Sot. — Ruine réparable par un travail assidu et de la persévérance.

Soufflet. — Mauvais conseils qui vous sont suggérés par de faux amis; — *en recevoir un*, insulte; — *en donner un*, revanche.

Souliers. — Voyage prochain pour un héritage.

Souper. — Maladie de peau longue et pénible.

Sourcils *qui se touchent.* — Jalousie; — *clair-semés,* faiblesse de caractère; — *bruns,* dureté de cœur; — *blonds,* amour facile.

Sourd. — Confiance sans bornes et mal placée.

Souris. — Dilapidation de fortune, de provisions; gaspillage.

Sous, *les compter.* — Misère; — *en trouver,* note oubliée à payer.

Spectacle. — Gaieté, fête prochaine.

Squelette. — Mauvais augure.

Suicide. — Secours imprévu dans un grand malheur.

Supplicié. — Honneurs et richesse, mais chagrins domestiques.

T

Tabac *à fumer.* — Folie, désordre; — *à priser,* vieillesse anticipée; — *à chiquer,* paresse.

Table *vide.* — Mauvaise chance; — *pleine,* abondance; — *cassée,* projets manqués.

Tableau. — Amour des beaux-arts.

Tablier. — Vol domestique : vous découvrirez le coupable et vous le ferez punir.

Tabouret. — Fortune rapide par le commerce.

Taches. — Réputation attaquée par la médisance.

Tambour. — Courage factice; beaucoup de bruit pour peu de chose.

Tapisserie. — Votre intérieur est triste par votre faute; vous manquez d'animation et de gaieté.

Tasse. — Cadeau que vous recevrez prochainement.

Taupe. — Votre amour est mal placé.

Taureaux. — Vous ferez la sottise de vous brouiller avec vos meilleurs amis par jalousie.

Teigne. — La propreté est la richesse du pauvre.

Teinture. — Fausse nouvelle qui vous fera faire des démarches ennuyeuses.

Télégraphe. — Lettre d'un parent en voyage

Tempête. — Danger sans remède.

Tambour.

Tenailles. — Maladies dangereuses; vous y perdrez vos cheveux et vous serez longtemps souffrant.

Ténèbres. — Ingratitude causée par la sottise et l'ignorance.

Tente. — Assurez-vous de la solidité de votre maison; *renversée,* vous perdrez votre place.

Terrasse. — Si c'est un militaire qui fait ce rêve, il arrivera aux grades les plus élevés.

Terre. — Belle et vertueuse épouse; enfants sains et robustes; fortune solide.

Testament. — Maladie grave, mais non mortelle.

Théâtre. — Vous avez des passions dangereuses.

Toilette. — Achat de linge et de mobilier.

Toit. — Spéculation dangereuse; n'achetez pas de maison et ne jouez pas à la bourse.

Tombeau. — Vous rencontrerez un amour pur et profond, malheureusement vous n'y répondrez pas.

Tomber. — Prenez garde à la légèreté de conduite.

Tonneaux *vides.* — Inconduite; — *pleins,* prévoyance; — *défoncés,* ruine complète.

Torrent. — Amour impétueux qui vous entraînera.

Tourterelle. — Vous soupirez après un mariage, mais vous attendrez longtemps.

Travail. — Succès, réussite en affaires.

Tremblement *de terre.* — Mort; — *nerveux,* maladie dangereuse.

Trompette. — Vous verrez bientôt celui que vous aimez.

Trou. — Un ami dévoué vous sauvera d'un grand danger et vous n'en serez pas reconnaissant.

Troupeaux. — *En garder,* position difficile, mais lucrative.

Truelles. — Raccommodement de peu de durée.

Truie *avec ses petits.* — Beaucoup d'enfants.

Truites. — Vous ferez un mariage d'inclination.

Tuteur, Tutelle. — Protection nuisible plutôt qu'utile. Vous vous en affranchirez bientôt.

U

Ulcères. — Maladie répugnante; mépris général.

Uniforme. — Gloire, célébrité.

Urne. — Ne vous occupez pas trop de politique.

Usine. — Nécessité d'une vie active.

Trompette.

Usurier. — Vous manquez de charité; ruine, détresse.

Ustensile *quelconque.* — Économie et régularité.

V

Vacances. — On vous donnera congé soit de votre place, soit de votre logement.

Vaccin. — Changement d'affection, bonne santé.

Vaches. — Infidélité, tromperie, fausse amitié.

Vaisseau. — Voyage qui aura des résultats très avantageux pour vous.

Vaisselle. — Pauvreté; — *si on la casse,* brouille dans le ménage.

Valeur. — Ne placez pas vos fonds à la légère; préférez un peti' intérêt, sans quoi vos capitaux seront aventurés.

Valise. — Petits voyages qui vous coûteront beaucoup d'argent.

Vallée, Vallon. — Existence exempte de tourments.

Valse. — Fête champêtre; amour partagé.

Vase de fleurs. — Vous recevrez un cadeau de grande valeur.

Veau. — Paresse, nonchalance, vie malheureuse.

Veiller un mort. — Héritage prochain; mort d'un parent.

Veines. — Maladie grave; longue convalescence.

Vengeance. — Vous aurez un procès ruineux.

Vent. — Existence aventureuse.

Ver. — Ennemis qui minent sourdement votre position.

Verre d'eau.

Verglas. — Faute dont vous vous repentirez toute votre vie : vous pouvez l'éviter.

Vermine. — Misère amenée par le désordre et l'inconduite.

Verre *plein.* — Bonheur conjugal; — *vide,* vous n'aurez pas d'enfants; — *cassé,* argent perdu au jeu; — *d'eau,* vous recevrez une mauvaise nouvelle; — *de vin,* vous recevrez une visite très-agréable.

Verrou. — On n'a pas besoin de se cacher quand on ne fait rien de mal.

Vers à soie. — Grande prospérité due au commerce.

Vésicatoire. — Mal contagieux.

Vessie. — Votre orgueil sera abaissé.

Veste. — Votre mise sordide nuit à votre avancement; *l'ôter*, vous échouerez complétement.

Vêtements. — *En acheter*, misère; — *en vendre*, richesse; *les ôter*, vous en serez pour vos frais.

Veuf, veuve. — Mariage prochain, pas d'enfants.

Viande *crue*, mauvais augure; — *cuite*, fête de famille.

Vieillard. — Considération, sagesse, bons conseils à suivre.

Vieille femme. — Bonheur dans la maison.

Vierge. — Vos filles seront d'une beauté remarquable, mais il faudra les marier très-jeunes.

Village. — Petites misères conjugales.

Ville. — Grands bénéfices dans les affaires.

Vin *rouge*. — Fine santé; — *blanc*, maladies; — *chaud*, infidélités.

Vinaigre. — Jalousie de femme qui vous brouillera avec vos amis.

Visite. — Votre amitié sera partagée.

Voisin. — Caquets, bavardages : méprisez-les.

Voix *douce*. — Amourettes; — *aigre*, querelles.

Volant. — Conduite irréfléchie qui vous causera bien des peines.

Voler *dans les airs*. — Vous portez vos vues trop haut, sachez vous contenter de votre position.

Volets. — Vol avec effraction; faux calcul.

Voleur. — Infamie, déshonneur.

Vomissement. — Grande contrariété qui vous causera une indigestion.

Voyage. — Arrivée imprévue d'une personne aimée.

Vue. — *La perdre*, on vous trompe et ce sont de soi-disants amis

LA PHRÉNOLOGIE

OU

L'ART DE DEVINER LES PASSIONS

D'APRÈS LA CONFORMATION DU CRANE

Complété par l'étude de la Physionomie.

C'est au savant médecin Gall, mort à Paris, en 1828, que l'on doit l'ingénieux système qui permet de découvrir d'une manière à peu près infaillible les penchants, les passions, les vices et les vertus d'une personne par l'examen attentif et scrupuleux de la conformation du crâne.

Il semble que les femmes, qui par instinct aiment à s'entourer de mystère, aient voulu échapper à cette investigation par la manière dont elles disposent leurs cheveux; les hommes, moins craintifs, laissent au contraire la carrière libre à tout examen de leur crâne.

On ne saurait nier la logique de ce système. Qui de nous en effet n'a été frappé à l'aspect de la tête de tel ou tel personnage? Les gens remarquables soit par leur génie, soit par leurs crimes, ont rarement des têtes régulières et ordinaires; c'est qu'en effet la tête étant le siége de toutes les pensées, de toutes les idées, il est tout naturel que certains lobes du cerveau se développent plus ou moins, selon l'usage plus ou moins fréquent que l'on fait d'une faculté, et que le crâne perd ainsi son uniformité, pour présenter diverses protubérances d'autant plus saillantes que les sentiments qu'elles représentent sont plus forts chez l'individu.

Ce n'est qu'après de longues et sérieuses études, faites

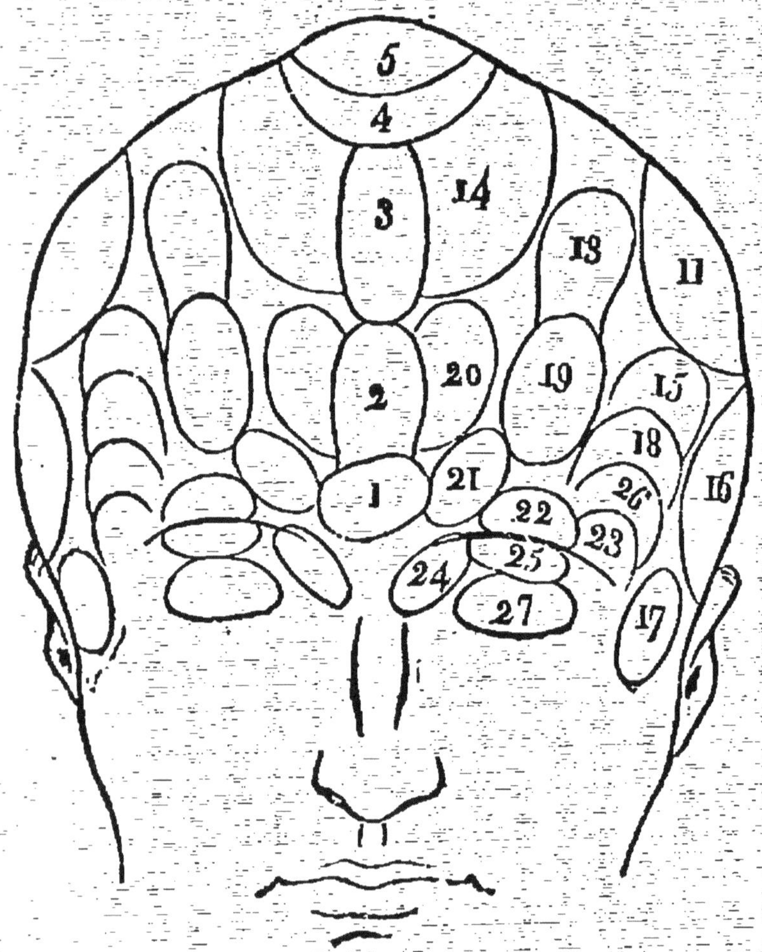

sur un nombre immense de gens de tous pays, de tous âges, de toutes conditions, que Gall présenta son système de localisation des facultés de l'homme, qu'il porte au nombre de 27.

Afin de faciliter au lecteur l'étude de cette science fort intéressante et facile à appliquer, nous lui mettons sous les yeux une tête donnant exactement les diverses bosses qui représentent ces 27 facultés. On suivra les numéros tant sur la face postérieure du crâne que sur la face anté-

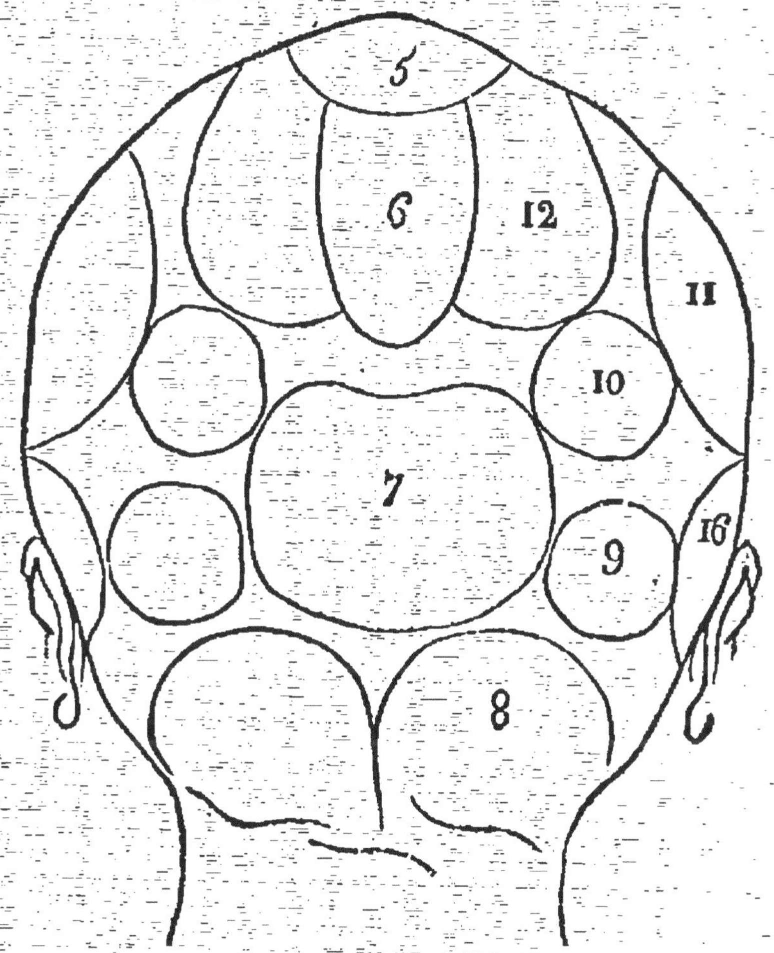

rieure. Les bosses sont doubles, c'est-à-dire que celles du côté gauche se reproduisent exactement à droite et ont la même signification.

Voici ces 27 facultés :

1° Educabilité (grande facilité pour s'instruire)
2° Esprit d'observation
3° Esprit poétique
4° Bienveillance, amour de la justice.
5° Vénération.
6° Persévérance.

7° Amour des enfants.
8° Faculté génératrice.
9° Amitié.
10° Ambition.
11° Amour du merveilleux, crédulité.
12° Vanité, orgueil.
13° Esprit d'imitation.
14° Conscience, droiture.
15° Esprit de repartie.
16° Penchant à la destruction.
17° Instinct du calcul, des mathématiques.
18° Instinct de la musique, de l'harmonie.
19° Mémoire.
20° Connaissance des localités.
21° — des personnes
22° — des couleurs, instinct de la peinture.
23° Ordre, économie, avarice.
24° Fermeté et force.
25° Eloquence, facilité d'élocution
26° Sentiments religieux.
27° Mémoire des mots.

Il va sans dire que toutes ces protubérances ne se trouvent pas réunies sur la même tête; mais il est des gens chez lesquels plusieurs de ces bosses sont tellement remarquables qu'elles sautent aux yeux des gens les moins clairvoyants. Chez certains criminels, les bosses 16, qui représentent l'esprit de destruction, sont si fortes, qu'elles rendent la tête presque difforme. Les gens qui n'aiment pas les enfants ont la tête plate par derrière et faisant presque une ligne droite avec le cou; la bosse 7 leur fait complétement défaut.

L'étude de la Phrénologie se complète par celle de la Physionomie.

Les yeux longs et taillés en amande indiquent un caractère nonchalant, mélancolique et tendre.

Les yeux ronds et gros annoncent de la vivacité, de l'esprit, mais de la légèreté et de l'indiscrétion.

Les yeux enfoncés dans l'orbite sont le signe de passions violentes et mauvaises. Les yeux louches annoncent rarement un bon caractère.

En général, ayez confiance dans ceux dont le regard est droit, limpide sans être effronté, et défiez-vous au contraire de ceux qui ne regardent jamais en face et semblent fuir vos yeux.

Les petits yeux sont l'indice d'un caractère vindicatif et entêté, d'un cœur sec, d'un esprit égoïste.

Si les yeux sont peu ouverts, avec des paupières lourdes et tombantes, c'est l'indice d'un caractère nonchalant, d'un esprit qui manque de franchise; au contraire, des yeux grands, bien ouverts, aux paupières minces et bien veinées, annoncent un esprit vif, une imagination active, une âme généreuse.

Un nez rond indique un caractère faible, un tempérament sensuel, surtout si l'extrémité est un peu rouge et que les narines soient ouvertes.

Un nez long et mince annonce l'entêtement, l'esprit caustique, la curiosité et la sécheresse du cœur; si le nez se courbe vers l'extrémité, on aura un esprit borné, et cependant beaucoup d'aptitude pour les sciences exactes.

Un nez court et relevé est l'indice de la ruse, mais aussi de l'esprit, de l'intelligence et de la gaieté.

Un nez camard dénote l'entêtement uni à la faiblesse d'esprit, un grand amour-propre et l'absence d'esprit de suite; de plus, un penchant vers la débauche.

Un nez long et gros accompagne toujours une bouche aux lèvres un peu épaisses, et celui qui porte ces traits est remarquable par sa bonté, sa bienveillance et son inépuisable charité.

Un front large, de hauteur moyenne et légèrement bombé annonce un esprit peu ordinaire; ceux qui seront ainsi favorisés deviendront des gens influents; ils se feront distinguer par leurs mérites et leurs talents et s'élèveront aux plus hautes dignités. Ils seront fermes dans leurs principes et ne dévieront jamais de la ligne droite.

Les fronts étroits et fuyants sont l'indice d'un esprit borné, d'un cœur froid et d'un tempérament porté à la débauche.

Ceux qui ont le front élevé, mais fuyant, auront de l'esprit et de l'imagination ; ils seront dépourvus de prévoyance et d'esprit de conduite ; ils feront des poëtes, mais seront mauvais maris et mauvais pères.

Ceux qui ont le front carré et droit auront le cœur sec ; ils seront travailleurs, mais égoïstes ; ils parviendront à de belles positions par leur persévérance et ne seront utiles à personne : aussi ne connaîtront-ils ni l'amour ni l'amitié.

Les gens qui ont le front bas et étroit, les cheveux plantés près des sourcils, ont un esprit très-borné, mais ils ont en compensation une grande adresse manuelle, l'amour du travail et de l'économie. Cette même qualité dégénère quelquefois en avarice.

Une grande bouche et des lèvres épaisses sont l'indice du gourmand, du bavard, du menteur, mais du bon enfant.

Une grande bouche ornée de lèvres minces et pâles annonce un cœur faux, égoïste, méchant, un esprit querelleur, c'est le type de la méchante langue.

Une bouche trop petite annonce rarement l'esprit ; en général, fiez-vous à celui ou celle qui aura une bouche ni trop grande ni trop petite, avec des lèvres rondes et bien colorées, car c'est le signe d'un bon caractère, d'un cœur aimant, d'un esprit gai, franc et ouvert.

Les dents ont aussi leur signification. Malheur à l'homme qui s'éprendra d'une femme ayant les dents courtes et pointues; aucune fortune ne résiste aux appétits des propriétaires de cette sorte de dents· leur devise est : *courte et bonne.*

Lorsque les canines sont trop fortement prononcées et dépassent le niveau des autres dents, cela annonce des instincts bas et vulgaires, un esprit inconstant.

Des dents un peu fortes, bien blanches, bien rangées sans être trop serrées, sont l'indice d'une bonne santé, d'un caractère égal, d'un esprit droit et ferme.

Les dents écartées annoncent un esprit sans consistance, une intelligence bornée, un cœur froid.

Des dents jaunes sont le signe d'une mauvaise santé et d'une grande prédisposition à l'avarice, c'est aussi l'indice d'une tendance à la folie.

Un menton rond et pointu annonce un cœur sec, un esprit sardonique.

Un menton long indique la bonté, la sensualité et le manque d'esprit, à moins qu'il ne soit orné d'une fossette.

Le menton de galoche indique la fierté, le courage, mais aussi l'esprit querelleur et le tempérament ardent et voluptueux.

Un menton court et fuyant est l'indice d'un esprit timide et borné, mais d'un cœur aimant et fidèle.

Un menton large et carré décèle l'homme fort, mais manquant de délicatesse dans les sentiments.

Un menton droit de la lèvre inférieure à l'extrémité de la face est le signe de la raideur d'esprit et de la sécheresse de cœur ; il se trouve souvent dans les figures dont le front est droit et raide, les yeux petits et enfoncés, les lèvres minces et peu colorées.

Des oreilles grandes et mal bordées, s'écartant fortement de la tête, indiquent la paresse et la curiosité.

Des oreilles rondes, petites et bien bordées annoncent un esprit studieux, indépendant, un caractère aimable.

Des mains longues, potelées, effilées, sont les indices de la distinction, surtout si les ongles sont roses, fermes et bien taillés.

Les mains courtes, quoique grasses, les doigts carrés, les ongles mous, marbrés de taches, mal enchâssés dans la peau, annoncent une nature vulgaire.

Les mains longues, raides, sèches, maigres, ridées, dénotent de mauvais instincts, une nature portée à l'avarice, surtout si les doigts sont crochus.

Les pieds sont presque toujours en rapport avec les mains ; suivez de préférence ceux qui sont minces, étroits et bien cambrés, fussent-ils même un peu longs ; évitez au contraire les pieds larges, plats, qui ont le talent de déformer toute espèce de chaussure.

Nous ne nous étendrons pas sur les cheveux et les sourcils. Tout le monde sait que les cheveux frisés annoncent la vanité et la luxure ; les cheveux soyeux, un esprit doux et aimable, les cheveux roux désignent la médisance, l'envie et la tromperie ; les cheveux noirs, la force et le génie ; les cheveux blonds, la faiblesse et la tendresse. Enfin les sourcils épais indiquent un grand caractère, une grande énergie; les sourcils clair-semés, l'imagination, mais la légèreté; les sourcils qui se rejoignent, la violence et la jalousie.

En général, les hommes grands, blonds, un peu gras et frais, sont d'un caractère timide, mou, faible, et ont aussi peu d'énergie qu'ils ont de force corporelle.

Les hommes petits, qu'ils soient bruns ou blonds, sont violents, emportés, mais capables d'affections profondes et durables, d'entreprises fécondes et sérieuses; malheureusement, ils sont enclins à la vanité et à la jalousie.

Les hommes grands, bruns et pâles, ne sont actifs, entreprenants, qu'en paroles; en actions, ils sont indolents, indécis, et sont d'autant plus faibles de caractère que leur physique indique plus d'énergie; ils sont vantards, bavards, et pourtant timorés; aiment le plaisir, le luxe, les femmes et la bonne chère.

Les femmes trop grandes ont rarement les qualités de leur sexe; elles se rapprochent pour les goûts, des hommes, dont elles ont un peu l'apparence.

Les petites femmes, au contraire, sont gracieuses, aimables, charmantes, mais le plus souvent coquettes, querelleuses; elles ont plus d'énergie et de vivacité que les grandes femmes et savent mieux supporter les revers de fortune. Elles sont en général robustes avec une apparence débile. Les blondes sont moins bonnes que les brunes

FIN.

Corbeil. Typ. et stér. Crété.

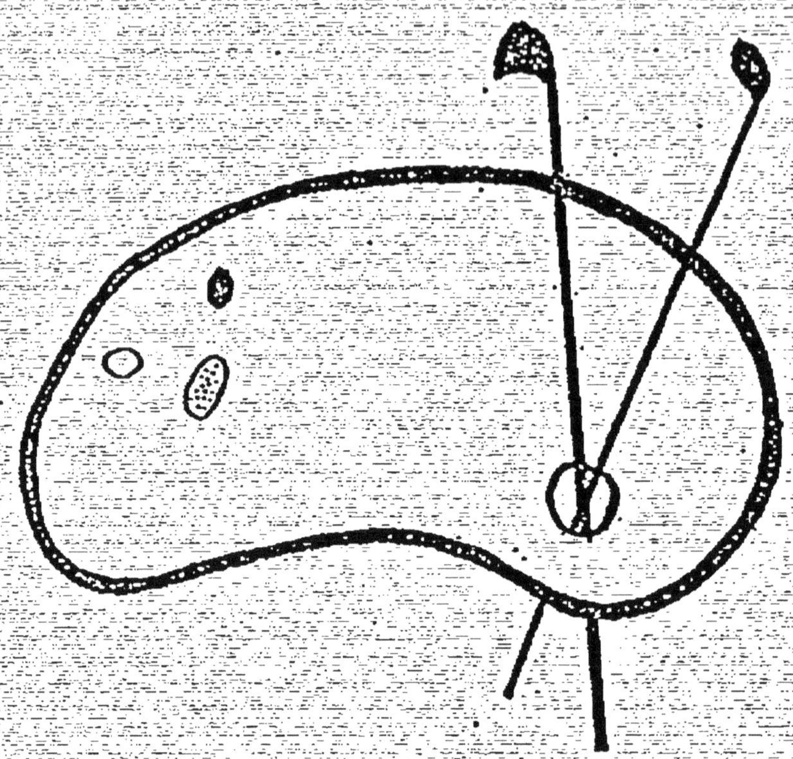

www.ingramcontent.com/pod-product-compliance
Lightning Source LLC
Chambersburg PA
CBHW052121090426
42741CB00009B/1899
9782012565135